APRENDER DA EXPERIÊNCIA

CONSELHO EDITORIAL

André Costa e Silva

Cecilia Consolo

Dijon de Moraes

Jarbas Vargas Nascimento

Luis Barbosa Cortez

Marco Aurélio Cremasco

Rogerio Lerner

Blucher   KARNAC

APRENDER DA EXPERIÊNCIA

Wilfred R. Bion

Tradução
Ester Hadassa Sandler

Revisão técnica
Paulo Cesar Sandler

*Authorised translation from the English language edition published
by Karnac Books Ltd.*

Aprender da experiência
Título original: *Learning from Experience*
© 1962, 1983 The Estate of Wilfred R. Bion
© 1984 Routledge, Karnac Books
© 2021 Editora Edgard Blücher Ltda.

Publisher Edgard Blücher
Editor Eduardo Blücher
Coordenação editorial Jonatas Eliakim
Produção editorial Bárbara Waida
Preparação de texto Ana Maria Fiorini
Diagramação Negrito Produção Editorial
Revisão de texto Bonie Santos
Capa Leandro Cunha

Blucher

Rua Pedroso Alvarenga, 1245, 4º andar
04531-934 – São Paulo – SP – Brasil
Tel.: 55 11 3078-5366
contato@blucher.com.br
www.blucher.com.br

Segundo o Novo Acordo Ortográfico, conforme
5. ed. do *Vocabulário Ortográfico da Língua
Portuguesa*, Academia Brasileira de Letras, março
de 2009.
É proibida a reprodução total ou parcial por
quaisquer meios sem autorização escrita da
editora.

Todos os direitos reservados pela Editora Edgard
Blücher Ltda.

Dados Internacionais de Catalogação na Publicação (CIP)
Angélica Ilacqua CRB-8/7057

Bion, Wilfred R. (Wilfred Ruprecht), 1897-1979
    Aprender da experiência / Wilfred R. Bion ;
tradução de Ester Hadassa Sandler ; revisão técnica
de Paulo Cesar Sandler. – São Paulo : Blucher, 2021.
    164 p.

    Bibliografia
    ISBN 978-65-5506-203-8 (impresso)
    ISBN 978-65-5506-204-5 (eletrônico)

    1. Psicanálise. 2. Aprendizagem, Psicologia da.
I. Título. II. Sandler, Ester Hadassa. III. Sandler,
Paulo Cesar.

21-2083   CDD 150.195

Índice para catálogo sistemático:
1. Psicanálise

Conteúdo

Algumas notas sobre esta tradução	7
Agradecimentos	13
Introdução	15
1	23
2	27
3	31
4	35
5	37
6	41
7	43
8	47
9	51
10	57

11	63
12	67
13	79
14	83
15	87
16	89
17	93
18	97
19	101
20	107
21	115
22	119
23	127
24	133
25	137
26	141
27	151
28	159

Algumas notas sobre esta tradução

A presente tradução foi baseada na segunda edição de *Learning from Experience*, publicada em 2014, no volume IV de *The Complete Works of W.R. Bion*, sob a responsabilidade de Christopher Mawson e Francesca Bion. Com a anuência e a concordância dos dois, inserimos algumas poucas notas sobre a tradução para o português. Cotejamos extensa e integralmente a edição de 2014 com a edição original, publicada em 1967; as poucas mudanças que o leitor encontrará dizem respeito quase que exclusivamente à formatação e ao deslocamento das notas, que na edição original estavam concentradas depois do capítulo final do livro, para o rodapé. Por decisão dos editores das *Obras completas*, algumas dessas notas foram incorporadas ao corpo do texto, aparecendo entre colchetes, o que foi mantido na versão que apresentamos agora.

A propósito dessa mudança, gostaríamos de citar um pequeno trecho da Introdução de Bion ao seu livro, item 4:

> *Restringi notas e referências ao mínimo; são mais necessárias para aprofundar as ideias contidas no livro do*

que simplesmente para lê-lo. O livro foi concebido para ser lido de uma só vez, sem interrupções para conferir os trechos que inicialmente possam parecer obscuros. Alguns dos pontos obscuros devem-se à impossibilidade de escrever sem pressupor que o leitor tenha familiaridade com aspectos de um problema que só é elaborado depois. Se o leitor não interromper a leitura, esses pontos ficarão gradativamente mais claros.

Essa, de fato, foi a nossa primeira experiência de leitura desse livro, há muitos anos. E as notas localizadas no final do livro, da maneira como foram organizadas, impunham uma escolha: se o livro fosse lido do início ao fim sem interrupções, na tentativa de "entender" o que estava escrito, era simplesmente inviável consultar as notas.

Porém, este livro, como todo clássico e de acordo com Italo Calvino, nunca cessa de dizer algo novo, a cada leitura. Além disso, a experiência emocional do primeiro contato com o livro, inesquecível para nós, foi única e irreprodutível. Assim, nas incontáveis leituras e releituras que fizemos do livro, as notas foram consultadas; fazer isso exigia um ir e vir de cada capítulo para o final do livro e a busca da respectiva nota no conjunto. Essa experiência nos deu um sentido para a escolha dos editores na segunda edição.

Mas isso também nos serve de modelo para falar um pouco da experiência de tradução. A cada nova revisão, e foram muitas, algo de novo surgia, uma nova escolha para a ordem de uma sentença, para uma dada palavra. Privilegiamos tentar expressar com a maior clareza e fidelidade possíveis aquilo que entendemos do que Bion quis transmitir neste texto, entendimento originado nas inúmeras leituras, reflexões, pesquisas e seminários que coordenamos.

Ou seja, esta tradução, como qualquer outra, é sempre uma dupla tradução. A primeira, em caráter privado, é a tradução do pensamento do autor para o pensamento do leitor, tradução que o leitor do original em inglês sempre também precisará fazer. A segunda tradução, do que pensamos ser o pensamento do autor para uma língua diversa, coloca alguns desafios, pois nem sempre é possível expressar em português, com clareza e síntese, o que foi escrito em inglês ou outro idioma qualquer, algo que nos reporta, guardadas as devidas diferenças, à nossa experiência clínica.

Por motivos alheios à nossa vontade, muitos anos se passaram entre as primeiras versões e a atual, o que deu margem a essas tantas revisões e, também, à percepção da tradução como obra aberta, em relação à qual sempre é possível detectar falhas, aprimorar algo ou encontrar alguma alternativa que corresponda a preferências de estilo. Acreditamos que nosso empenho talvez possa ajudar a ressaltar eventuais pontos para essas melhorias, contando sempre com a boa vontade do leitor. Voltamos às palavras de Bion, que parafraseamos:

> *Infelizmente, também existem outros pontos obscuros resultantes de minha incapacidade de torná-los mais claros. O leitor poderá achar que o esforço de esclarecer esses pontos por si mesmo é compensador, e não simplesmente um trabalho que lhe foi imposto porque eu, como autor, deixei de fazê-lo.*

Para finalizar, embora não nos caiba justificar todas as opções que fizemos, inerentes à tarefa que nos propusemos, achamos importante trazer algumas informações sobre a tradução de quatro termos, pela importância que têm em diversos processos descritos por Bion. São eles:

10 APRENDER DA EXPERIÊNCIA

- *Awareness*: vertido, conforme a frase, por estar cônscio, estar ciente, ter consciência de.

- *Actual(ity)*: real(idade), atual(idade), de fato.

- *Phantasia*: termo criado pelos tradutores da obra de Freud para a língua inglesa,[1] com pleno conhecimento e aprovação de Freud, para representar a definição de "fantasia inconsciente", com a intenção de discriminar a concepção e o sentido do termo utilizado como lugar-comum, "fantasia". A fantasia inconsciente, ou *phantasia*, parece ter sido umas das descobertas mais úteis de Freud – cuja obra não pode ser considerada pobre em descobertas. Em função disso, o termo foi adotado neste livro, pois torna-o fidedigno ao escrito de Bion, que insistiu em utilizá-lo.

- *Splitting*: clivagem, cisão, excisão. Sempre que possível, mantivemos o substantivo *splitting* em inglês, a nosso ver um termo técnico como *insight*. No entanto, nas ocorrências indicativas de ação (no original com o verbo *split off*), optamos por usar as formas conjugadas dos verbos clivar, cindir ou excindir.

Ester Hadassa Sandler e Paulo Cesar Sandler

---

1 James Strachey, Alan Tyson, Alix Strachey e Joan Riviere, com alguma colaboração de Anna Freud.

O pior inimigo do conhecimento, responsável pelo maior atentado à verdade, tem sido a adesão peremptória à autoridade e, mais especificamente, a instalação de nossa crença baseada em ditados da Antiguidade.

Thomas Browne, *Pseudodoxia Epidemica: Of adherence unto Antiquity*

Agradecimentos

Conheço algumas das pessoas a quem devo, e a elas posso prestar reconhecimento da minha dívida. Estou ciente de outras, especialmente pacientes, de cuja cooperação sempre dependi, mas que precisam permanecer anônimas. O dr. Elliot Jaques, o sr. R. Money-Kyrle e a dra. H. Segal ajudaram ao fazer a leitura crítica de meu manuscrito. A extensão de sua generosidade, em termos do tempo e do esforço que isso significa para psicanalistas praticantes, só pode ser avaliada por outro psicanalista praticante.

Finalmente, como sempre, agradeço à minha esposa; sem seu apoio eu jamais teria conseguido tentar escrever.

Introdução

1. Os problemas assinalados neste livro têm uma longa história de investigação e discussão, pois são fundamentais para o aprendizado. Na prática psicanalítica, especialmente aquela dedicada a pacientes com sintomas de distúrbios de pensamento, fica claro que a psicanálise acrescentou uma dimensão aos problemas e, talvez, à sua solução.

2. Este livro lida com experiências emocionais diretamente relacionadas tanto a teorias do conhecimento como à psicanálise clínica, e isso do modo mais prático possível. Em geral, a pessoa treinada no método filosófico não tem, ao contrário do analista, a experiência íntima dos processos que perturbam o pensar, e mesmo os psicanalistas raramente assumem tais casos. Tenho sido afortunado nesse aspecto, mas careço do treinamento do filósofo. No entanto, tive a vantagem de ter me submetido a análise, primeiro com John Rickman e depois com Melanie Klein.

3. Tenho experiência para registrar, mas tenho dúvidas sobre como comunicá-la aos outros; este livro explica por quê. Pensei por um tempo em me concentrar na análise de candidatos. Estou convicto de que os psicanalistas têm razão em pensar que esse é o único método realmente efetivo para transmitir a experiência analítica de que dispomos no momento; mas limitar os dotes de alguém a essa atividade beira o culto esotérico. Por outro lado, a publicação de um livro como este pode parecer prematura. No entanto, acredito que seja possível dar alguma ideia do mundo revelado pela tentativa de compreender nossa compreensão. Se o leitor ficar tentado a prosseguir, o objetivo deste livro terá sido alcançado.

4. Restringi notas e referências ao mínimo; são mais necessárias para aprofundar as ideias contidas no livro do que simplesmente para lê-lo. O livro foi concebido para ser lido de uma só vez, sem interrupções para conferir os trechos que inicialmente possam parecer obscuros. Alguns dos pontos obscuros devem-se à impossibilidade de escrever sem pressupor que o leitor tenha familiaridade com aspectos de um problema que só é elaborado depois. Se o leitor não interromper a leitura, esses pontos ficarão gradativamente mais claros. Infelizmente, também existem outros pontos obscuros resultantes de minha incapacidade de torná-los mais claros. O leitor poderá achar que o esforço de esclarecer esses pontos por si mesmo é compensador, e não simplesmente um trabalho que lhe foi imposto porque eu, como autor, deixei de fazê-lo.

5. Pode parecer que uso de modo errôneo palavras com significado já estabelecido, como no uso que faço dos termos "função" e "fatores". Um crítico assinalou que os termos estão utilizados de maneira ambígua, e que um leitor sofisticado poderia ficar confuso pela associação de ambas as palavras com a matemática e a filosofia. Esclareço que as usei deliberadamente por causa dessa mesma associação, e desejo que a ambiguidade permaneça. Quero que o leitor se recorde da matemática, da filosofia e do uso corrente, pois uma característica da mente humana que estou discutindo pode se desenvolver de tal modo que, num estágio posterior, seja vista

como classificável de acordo com esses títulos – e outros. Entretanto, não estou discutindo o que quer que seja que essa função venha a se tornar; uso o termo com a intenção de indicar que se a pessoa observada está realizando um cálculo matemático, caminhando de um modo característico ou praticando um ato invejoso, para mim tudo isso são funções da personalidade. Se eu me preocupo com a precisão da matemática dessa pessoa, não é por estar interessado em sua matemática, mas porque sua matemática e a precisão de sua performance são funções de sua personalidade, e eu quero saber quais são os fatores.

6. Se o leitor reconsiderar o parágrafo anterior (5), verá que quando reivindico o uso do termo função e desejo que esse termo retenha sua penumbra de associações, dou margem à suposição de que o termo será empregado por mim de acordo com as regras e as convenções segundo as quais matemáticos e filósofos regulam seu uso. Se eu satisfaço tal expectativa, é possível pensar que uso o termo de modo "apropriado". Mas se desaponto essa expectativa (suscitada pela penumbra de associações da qual não despojei o termo), seria razoável dizer que emprego mal o termo. Se eu concordo com a crítica, posso ou despojar explicitamente o termo de sua penumbra de associações, ou aceitar as convenções de uso implicadas por suas associações.

7. De fato, não desejo seguir nenhuma dessas linhas. Suponha que eu veja um homem caminhando. Posso dizer que seu caminhar é uma função de sua personalidade e que descubro, após investigar, que os fatores dessa função são o seu amor por uma moça e a inveja que sente do amigo dela. Ou que os fatores nessa função são seu amor pela moça e a inveja do amigo dela. Após investigar mais, posso decidir que ao seu amor pela garota é adicionada a inveja em relação ao amigo dela; ou F (seu caminhar) = A + I (F = função, A = amor, I = inveja). Mas posso sentir que minhas

observações se aproximam da teoria kleiniana de identificação projetiva, e que posso expressar melhor minha opinião dos fatos dizendo que a função caminhar é um sinal de o paciente sentir ter posto dentro de si uma moça amada com quem está identificado e um rival que inveja, mas com quem também se identificou, e que ambos os objetos são controlados por estarem encerrados em suas pernas. Pouparei o leitor de uma figura geométrica para expressar "matematicamente" essa última ideia, mas peço que ele considere se no Capítulo 1 os termos "função" e "fator" estão sendo utilizados de forma *errônea* ou não. Compreendo que o uso pode confundir; mas não posso concordar que seja declarado errôneo de modo cabal. Em um capítulo posterior, afirmo que o uso de ideias, e dos símbolos que as representam, é menos avançado que o processo de desenvolvimento das ideias. Por essa razão, estou preparado para acreditar que estou usando uma ideia, ou um símbolo, ou ambos, de modo errado, mas não estou preparado para concordar que já exista um critério definitivo pelo qual o assunto possa ser decidido. Na metodologia psicanalítica, o critério não pode ser se um uso específico é certo ou errado, significativo ou verificável, mas se esse uso promove ou não desenvolvimento.

8. Não estou sugerindo que a promoção de desenvolvimento seja um critério isento de restrições; nos casos em que há perturbações sérias no pensamento, a teoria e a prática psicanalíticas indicam a necessidade de uma reformulação das ideias sobre a origem e a natureza dos pensamentos e de uma reformulação concomitante das ideias sobre os mecanismos por meio dos quais se consegue "pensar" os pensamentos. Mas se é necessário mudar nossas perspectivas a respeito dos pensamentos e dos mecanismos do pensar, é provável que a mudança de visão, caso ela seja tão importante quanto penso que é, exija uma modificação do modo como produzimos "pensamentos" e dos métodos que empregamos ao usá-los. Meu método para produzir "fator" e "função" (e sua aptidão para representar uma realização) não é necessariamente errado por diferir dos métodos usualmente aceitos como consistentes com a produção, a natureza e o uso apropriados de conceitos, mas isso não significa que esteja isento do exame crítico ao qual considero que todo pensar, à luz da experiência psicanalítica, precisa se submeter.

Os métodos constantes neste livro não são definitivos. Mesmo quando fiquei ciente de serem inadequados, amiúde não fui capaz de aprimorá-los. Encontrei-me em uma posição similar à do cientista que continua a empregar uma teoria que sabe ser falha porque ainda não se descobriu outra melhor para substituí-la.

Resumo dos conteúdos

O seguinte plano do livro pode servir como um guia simplificado:

O Capítulo 1 consiste em uma explicação preliminar de dois termos.

O Capítulo 2 é uma demarcação de área na qual desejo usar os termos como parte de meu equipamento de investigação.

O Capítulo 3 dá início a uma descrição estilizada de experiências emocionais e realizações, das quais participei, que formam o estímulo para o todo deste livro. Por "estilizada", quero dizer que a sofistiquei de modo consciente, porque a falsificação introduzida por tal método de apresentação é incomensuravelmente menor que a falsificação produzida por quaisquer outros, incluindo os assim chamados registros mecânicos. Esses últimos possuem a verdade que pertenceria, por exemplo, a uma fotografia, mas a confecção de um registro desses, apesar de um resultado superficialmente acurado, faz com que a falsificação seja retroativa, isto é, imponha-se sobre a própria sessão. A fotografia da fonte de verdade pode

20 APRENDER DA EXPERIÊNCIA

ser bastante boa, mas é a da fonte já turvada pelo fotógrafo e por seu equipamento. Em todo caso, o problema de interpretar a fotografia persiste. A falsificação feita pelo registro é ainda maior por conferir verossimilhança àquilo que já tinha sido falsificado.

O Capítulo 4 é um breve enunciado de algumas das ideias que são discutidas ao longo do livro.

Os Capítulos de 5 a 11 descrevem sumariamente fenômenos clínicos relacionados ao assunto do livro; estes são familiares aos analistas, mas formulados em termos que provavelmente têm mais sentido para os analistas treinados em teorias kleinianas. A descrição indica para quais finalidades emprego os termos "função-alfa" e "barreira de contato", e, no final do Capítulo 11, chamo a atenção para a importância da escolha entre modificar a frustração ou evadir-se dela.

O Capítulo 12 começa com uma discussão sobre identificação projetiva e sua influência na gênese do pensamento. O assunto leva ao papel desempenhado pela experiência oral e alimentar no fornecimento de um modelo para o pensar. Chamo a atenção para as sérias consequências de uma mãe incapaz de *rêverie* sobre o desenvolvimento.

O Capítulo 13 lida com os problemas de registro de sessões e das teorias usadas pelo analista e discute possibilidades que oferecem uma abordagem para um método de notação científica no Capítulo 14.

Os Capítulos 14 a 16 introduzem os sinais L, H e K, a serem utilizados na discussão do tema deste livro.

Os Capítulos 17 e 18 voltam a usar a abstração "função-alfa" para discutir a gênese dos pensamentos. São então discutidos os problemas de abstração ou generalização e de concretização ou particularização.

O Capítulo 19 principia a discussão sobre o uso de modelos psicanalíticos.

O Capítulo 20 é uma investigação de abstração na qual tento usar sinais abstratos para elucidar alguns dos problemas de abstração tal como se apresentam em análise.

O Capítulo 21 apresenta a teoria kleiniana do intercâmbio entre as posições esquizoparanoide e depressiva: exploro a sua relação com o aprender e a experiência emocional associada aos termos empregados em teorias de causalidade.

Os Capítulos 22 e 23 discutem a confecção de modelos e a abstração no contexto da prática analítica.

Os Capítulos 24 a 27 dão sequência à exposição, com ênfase especial no aprender (vínculo K). O Capítulo 28 é uma elaboração do mesmo tema em menos K (−K).

1

1. Coloquialmente, é muito comum denominar uma ação pelo nome da pessoa de quem pensamos que essa ação é típica; por exemplo, falar de um spoonerismo[1] como se fosse função da personalidade de um indivíduo chamado Spooner. Tiro vantagem desse costume para dele obter uma teoria de funções que resista a um uso mais rigoroso do que o empregado na frase coloquial. Suponho que existam fatores na personalidade que se combinam para produzir entidades estáveis as quais chamo de funções da personalidade. O significado que ligo aos termos "fatores" e "funções" e o uso que lhes atribuo aparecerá logo mais, mas uma explicação preliminar talvez seja apropriada.

---

1 No original, *Spoonerism* e Spooner. *Spooner* em inglês significa simplório, tolo ou piegas. *Spoonerism* também tem um significado: trata-se da transposição acidental ou deliberada das letras iniciais de duas ou mais palavras. O exemplo de Bion refere-se ao reverendo W. A. Spooner, estudioso inglês morto em 1930 que costumava cometer tais erros. *The Oxford Concise Dictionary of Current English*, 6. ed. [N.T.].

24 APRENDER DA EXPERIÊNCIA

2. "A inveja que X sente de seus sócios é um fator que temos que levar em conta em sua personalidade" é uma formulação que qualquer leigo poderia fazer e pode significar muito ou pouco; seu valor depende de nossa avaliação da pessoa que faz a formulação e do peso que ela mesma dá às próprias palavras. A força da formulação é afetada se eu conecto ao termo "inveja" o peso e o significado que lhe foram dados pela sra. Klein.

3. Agora, suponha uma outra formulação: "A relação de X com seus sócios é típica de uma personalidade na qual a inveja é um fator". Essa formulação expressa a observação de uma função na qual os fatores são transferência e inveja. O que se observa não é a transferência ou a inveja, mas algo que é uma função de transferência e inveja. À medida que uma análise prossegue, é necessário deduzir novos fatores a partir das mudanças observadas na função e distinguir diferentes funções.

4. "Função" é o nome para a atividade mental própria a alguns fatores operando em consórcio. "Fator" é o nome de uma atividade mental operando em consórcio com outras atividades mentais para constituir uma função. Deduzem-se os fatores a partir da observação das funções de que eles são uma parte, em consórcio uns com os outros. Eles podem ser teorias ou as realidades que as teorias representam. Talvez pareçam ser lugares-comuns de um *insight* comum, mas não o são, porque a palavra usada para nomear o fator é empregada cientificamente e, portanto, de modo mais rigoroso que aquele empregado na linguagem coloquial.[2] Os fatores não são dedutíveis diretamente, mas por meio da observação das funções.

---

2 No original, *conversational English* [N.T.].

5. A teoria das funções torna mais fácil cotejar a realização[3] com o sistema dedutivo científico[4] que a representa. Além disso, seu uso dá flexibilidade a uma teoria analítica, a qual pode ter de ser usada em uma ampla variedade de situações analíticas, sem prejudicar a permanência e a estabilidade da estrutura da qual ela é parte. Ademais, graças à teoria das funções, pode-se entender que sistemas dedutivos científicos com alto grau de generalização representam observações na análise de um paciente específico. Isso é importante, uma vez que a teoria psicanalítica tem de ser aplicada às mudanças que ocorrem na personalidade do paciente. Se o analista observa funções e delas deduz os fatores relacionados, o hiato entre teoria e observação pode ser transposto sem a elaboração de novas teorias, possivelmente mal orientadas.

6. A função que estou prestes a discutir por sua importância intrínseca também serve para ilustrar o uso que pode ser dado a uma teoria das funções. Chamo essa função de uma função-alfa, de modo que posso falar sobre ela sem ficar limitado, como ficaria caso usasse um termo com mais significado, em virtude da penumbra de associações já existente. Por contraste, os significados das teorias que aparecem como fatores precisam ser preservados e empregados tão rigorosamente quanto possível. Assumo que o significado foi esclarecido de modo suficiente pelos autores e outros que discutiram as teorias com uma empatia crítica. A liberdade

---

3 O termo "realização" é usado na acepção da geometria euclidiana, quando se diz que as três dimensões têm a estrutura do espaço ordinário como uma de suas realizações. A expressão é usada de um modo facilmente compreensível em Semple e Kneebone (1956), *Algebraic projective geometry* (Oxford University Press), Capítulo 1, no qual se discute o conceito de geometria.

4 O termo "sistema dedutivo" ou "sistema dedutivo científico" é usado para cobrir qualquer aproximação, ou aproximação projetada, aos sistemas lógicos descritos em R. B. Braithwaite (1955), *Scientific explanation* (Cambridge University Press), Capítulo 2 e seguintes.

26 APRENDER DA EXPERIÊNCIA

implícita no uso do termo função-alfa e a concentração de precisão de expressão e emprego em tudo o que concerne aos fatores confere flexibilidade sem prejudicar a estrutura. O uso que faço de uma teoria já existente pode parecer uma distorção do significado que o autor lhe deu; se penso assim é porque reconheço isso. Nas demais situações, contudo, deve-se assumir que acredito estar interpretando a teoria do autor de forma correta.

7. O termo função-alfa é, intencionalmente, desprovido de significado. Antes de indicar a área de investigação na qual eu me proponho a empregá-lo, devo discutir um dos problemas incidentais a essa investigação. Uma vez que o objetivo desse termo sem significado é fornecer à investigação psicanalítica uma contraparte das variáveis dos matemáticos, uma incógnita à qual pode ser atribuído um valor quando seu uso ajudou a determinar qual é esse valor, é importante que o termo não seja usado prematuramente para veicular significados, pois esses significados prematuros podem ser precisamente aqueles que é essencial excluir. Ainda assim, o simples fato de que o termo função-alfa deva ser empregado em uma investigação específica leva inevitavelmente ao seu reinvestimento com significados derivados das investigações que já foram levadas a cabo nesse campo.[5] Portanto, deve-se exercer vigilância constante para impedir esse desenvolvimento, ou o valor do instrumento será prejudicado desde o início. A área de investigação é aproximadamente aquela coberta pelos escritos relatados em meu próximo capítulo.

---

5 Ver K. R. Popper (1959), *The logic of scientific discovery* (Hutchinson), p. 35, nota 2, em que a dificuldade está admiravelmente ilustrada.

2

1. Ao descrever a instituição do princípio da realidade, Freud disse: "A importância crescente da realidade externa também aumentou a importância dos órgãos dos sentidos dirigidos ao mundo externo e da consciência ligada a eles; a última aprendeu agora a compreender a qualidade dos sentidos em acréscimo às qualidades de prazer e dor que, até então, eram as únicas que haviam lhe interessado". Enfatizo "a última aprendeu agora a compreender"; presumivelmente, por "a última" Freud quer dizer "a consciência ligada às impressões sensoriais".[1] Posteriormente, discutirei o fato de se atribuir compreensão à consciência. De interesse imediato é a função da própria compreensão; nessa discussão, são investigadas tanto a compreensão das impressões sensoriais como

---

1 S. Freud (1911), "Formulations on the two principles of mental functioning", in *Standard edition* (Vol. 12). As citações e referências neste capítulo, uma vez que visam indicar os limites da área na qual desejo usar o conceito de função-alfa, não estão selecionadas com o rigor que eu consideraria necessário caso a seleção fosse feita para ser usada em uma teoria científica ou como um fator para ser usado com a teoria das funções.

28 APRENDER DA EXPERIÊNCIA

a compreensão das qualidades de prazer e dor. Trato impressões sensoriais, prazer e dor como igualmente reais, portanto, descarto a distinção que Freud faz entre "mundo externo" e prazer e dor, por considerá-la irrelevante ao tema da compreensão. No entanto, vou discutir a relevância dos princípios do prazer e da realidade para a escolha que podemos ver um paciente fazer entre modificar a frustração ou evadir-se dela.

2. A atribuição de compreensão à consciência leva a contradições que podem ser evitadas caso aceitemos, para as finalidades da teoria que desejo propor, a conceituação posterior de Freud: "no entanto, em nosso esquema, qual papel teria restado à consciência, outrora tão onipotente e ocultando todo o resto da vista? *Somente a de um órgão sensorial para a percepção das qualidades psíquicas*" (grifos de Freud).[2]

3. Continuando a citação de Freud em "Formulações sobre os dois princípios do funcionamento mental": "Foi instituída uma função especial para periodicamente pesquisar o mundo externo de forma a possibilitar que seus dados já fossem familiares em caso de alguma necessidade interna urgente surgir; essa função era a atenção. Sua atividade encontra as impressões sensoriais a meio caminho, em vez de esperar pelo seu aparecimento".[3] Freud não levou a sua investigação muito adiante, mas o termo, como ele o emprega, tem um significado que eu investigaria como um fator na função-alfa.

4. Freud continua: "Ao mesmo tempo, é provável que tenha sido introduzido um sistema de notação, cuja tarefa seria armazenar os resultados dessa atividade periódica da consciência – uma parte daquilo que chamamos memória". Notação e armazenamento

---

2 S. Freud (1900), "The interpretation of dreams", in *Standard edition* (Vol. 4).
3 S. Freud (1911), p. 220.

dos resultados da atenção também são fenômenos a serem investigados com a ajuda da teoria da função-alfa.

5. Serão consideradas algumas teorias de Melanie Klein e seus colaboradores; eu as listo aqui. Elas são: cisão e identificação projetiva;[4] a transição da posição esquizoparanoide para a posição depressiva e vice-versa;[5] a formação de símbolos[6] e alguns de meus trabalhos anteriores sobre o desenvolvimento do pensamento verbal.[7] Não vou discuti-los, a não ser como fatores que se modificam quando combinados entre si em uma função. Isso é suficiente no que tange a trabalhos anteriores; dou agora um exemplo do emprego dessa teoria das funções em uma investigação psicanalítica do campo abrangido pelo trabalho referido neste capítulo.

---

4 M. Klein (1946), "Notes on some schizoid mechanisms", in *Developments in psycho-analysis*, p. 300.

5 Idem, p. 293.

6 M. Klein (1930), "The importance of symbol formation", in *Love, guilt and reparation and other works 1921-1945*, p. 219.

7 W. R. Bion (1957), "Differentiation of psychotic from the non-psychotic personalities", *International Journal of Psycho-Analysis*, 38:266-275. Também em W. R. Bion (1967), "Second thoughts: selected papers on psychoanalysis", in *The complete works of W. R. Bion* (Vol. 6).

3

1. Uma experiência emocional que ocorre durante o sono, e que escolho por razões que logo vão aparecer, não difere da experiência emocional que ocorre durante a vigília, pois em ambos os casos as percepções da experiência emocional precisam ser elaboradas pela função-alfa antes de poderem ser utilizadas para pensamentos oníricos.

2. A função-alfa opera sobre as impressões sensoriais, quaisquer que sejam elas, e sobre as emoções, quaisquer que sejam elas, das quais o paciente está ciente. Caso a função-alfa tenha êxito, são produzidos elementos-alfa, e esses elementos se prestam ao armazenamento e aos requisitos de pensamentos oníricos. Se a função-alfa está perturbada e, portanto, inoperante, as impressões sensoriais das quais o paciente está ciente e as emoções que ele está experimentando permanecem inalteradas. Eu as chamarei de elementos-beta.[1] Elementos-beta, em contraste com os elementos-

---

1 É a primeira vez que Bion usa o termo "elemento-beta" [N. do editor inglês das *Obras completas*].

32 APRENDER DA EXPERIÊNCIA

-alfa, não são sentidos como fenômenos,[2] mas como coisas-em-si. As emoções são, igualmente, objetos dos sentidos. Somos assim apresentados a um estado de mente que contrasta nitidamente com aquele do cientista que sabe estar interessado em fenômenos, mas não tem a mesma certeza de que os fenômenos têm uma contraparte de coisas-em-si.

3. Elementos-beta não servem para uso em pensamentos oníricos, mas para uso em identificação projetiva. Eles exercem influência na produção de *acting out*. São objetos que podem ser evacuados ou usados para um tipo de pensamento que depende da manipulação daquilo que é sentido como coisas-em-si, como se tal manipulação pudesse substituir palavras ou ideias. Por exemplo, um homem pode assassinar os próprios pais e então se sentir livre para amar, pois os pais antissexuais internos foram supostamente evacuados por esse ato. Um ato desse tipo visa "livrar a psique de acréscimos de estímulos". Elementos-beta são armazenados, mas diferem de elementos-alfa, pois não são exatamente memórias e sim fatos não digeridos; os elementos-alfa, por sua vez, foram digeridos pela função-alfa e, assim, disponibilizados para pensamento. É importante distinguir entre memórias e fatos não digeridos – elementos-beta. (O uso dos termos "digeridos" e "não digeridos" será investigado mais tarde.)

4. Se o paciente não consegue transformar a sua experiência emocional em elementos-alfa, ele não consegue sonhar. A função--alfa transforma impressões sensoriais em elementos-alfa que se assemelham e, de fato, podem ser idênticos, às imagens visuais com as quais estamos familiarizados nos sonhos, a saber, os elementos que Freud considera que produzem seu conteúdo latente quando

---

2 E eu uso o termo "fenômenos" para abranger aquilo que Kant denominou qualidades primárias e secundárias. O termo "coisas-em-si" considero, com Kant, referir-se a objetos que são incognoscíveis pela humanidade.

o analista os interpreta. Freud mostrou que uma das funções de um sonho é preservar o sono. Falha da função-alfa significa que o paciente não consegue sonhar e, portanto, não consegue dormir. Como a função-alfa disponibiliza as impressões sensoriais de uma experiência emocional para pensamento consciente e para pensamento onírico, o paciente que não consegue sonhar não consegue dormir nem acordar. Daí a condição peculiar, vista na clínica, em que o paciente psicótico se comporta como se estivesse precisamente nesse estado.

4

1. A experiência emocional deve ser agora considerada de modo geral, e não apenas como ocorre no sono. Vou enfatizar o que disse até o momento reescrevendo uma teoria popular sobre o pesadelo. Costumava-se dizer que um homem tinha pesadelos porque tivera indigestão, e era por isso que acordava em pânico. Minha versão é: o paciente adormecido está em pânico; por não conseguir ter um pesadelo, ele não consegue acordar ou adormecer; a partir de então, tem indigestão mental.

2. A formulação mais geral da teoria é esta: para aprender da experiência, a função-alfa precisa operar sobre a consciência da experiência emocional; elementos-alfa são produzidos a partir das impressões da experiência; estes, então, se tornam armazenáveis e disponíveis para o pensamento onírico e para o pensamento inconsciente de vigília. Uma criança que está tendo a experiência emocional chamada aprender a andar é capaz, em virtude da função-alfa, de armazenar essa experiência. Pensamentos que originalmente tinham de ser conscientes tornam-se inconscientes, e assim a criança pode pensar tudo o que é necessário para andar

36 APRENDER DA EXPERIÊNCIA

sem precisar mais estar consciente de nada disso. A função-alfa é necessária para o pensamento e o raciocínio conscientes e para relegar o pensar ao inconsciente, quando é necessário liberar a consciência da sobrecarga do pensamento por meio do aprendizado de uma habilidade.

3. Se existem apenas elementos-beta, que não podem se tornar inconscientes, não é possível haver repressão, supressão ou aprendizado. Isso cria a impressão de que o paciente é incapaz de discriminar. Ele não consegue não estar ciente de todo e qualquer estímulo sensorial; contudo, tal hipersensibilidade não é contato com a realidade.

4. Ataques à função-alfa, estimulados por ódio ou inveja, destroem a possibilidade de o paciente ter contato consciente consigo mesmo ou com outros na condição de objetos vivos. Por conseguinte, ouvimos falar de objetos inanimados, ou mesmo de lugares, quando normalmente esperaríamos ouvir falar de pessoas. Embora o paciente descreva essas últimas verbalmente, ele as sente como se estivessem presentes materialmente, e não apenas representadas por seus nomes. Esse estado se contrapõe ao animismo, no sentido de que objetos vivos estão dotados de qualidades de morte.

5

1. Precisamos agora examinar o *splitting* forçado que está associado a uma relação perturbada com o seio ou seus substitutos. A criança recebe do seio leite e outros confortos materiais; amor, compreensão e consolo também. Suponha que a iniciativa da criança seja bloqueada por temor à agressão, própria ou alheia. Se a emoção é forte o bastante, ela inibe o impulso da criança para obter sustento.

O amor na criança ou na mãe, ou em ambas, mais aumenta do que diminui o bloqueio, em parte por ser o amor inseparável da inveja[1] do objeto tão amado, em parte por sentir que o amor desperta inveja e ciúmes em um terceiro objeto que está excluído. O papel desempenhado pelo amor pode passar despercebido porque inveja, rivalidade e ódio o obscurecem, no entanto, o ódio não existiria se o amor não estivesse presente. A violência da emoção compele a um reforço do bloqueio, porque a violência não é diferenciada da destrutividade e da culpa e da depressão que lhe são subsequentes.

---

1 O termo "inveja" é usado aqui para descrever de modo geral os fenômenos descritos em detalhes por Melanie Klein em *Envy and gratitude* (1957).

38 APRENDER DA EXPERIÊNCIA

O temor à morte por inanição do que é essencial força a criança a retomar a sucção. Passa a se desenvolver uma clivagem entre satisfação material e satisfação psíquica.

2. Medo, ódio e inveja são tão temidos que deflagram medidas para destruir a percepção de todos os sentimentos, embora isso seja indistinguível de extinguir a própria vida.[2] Caso um senso de realidade, grande demais para ser submerso por emoções, force a criança a voltar a se alimentar, a intolerância à inveja e ao ódio experimentados em uma situação que desperta amor e gratidão leva a um *splitting* que difere daquele levado a cabo para prevenir a depressão. Difere ainda do *splitting* mobilizado por impulsos sádicos, pois seu objetivo e seu efeito são capacitar a criança a obter o que mais tarde chamaríamos de satisfação material, sem ter de reconhecer a existência de um objeto vivo do qual esses benefícios dependem. Inveja despertada por um seio que fornece amor, compreensão, experiência e sabedoria traz um problema que é solucionado pela destruição da função-alfa. Isso faz com que seio e criança pareçam inanimados, tendo como consequência culpabilidade, medo de suicídio e medo de assassinato, passados, presentes ou iminentes. A necessidade de amor, compreensão e desenvolvimento mental, por não poder ser satisfeita, fica agora defletida na busca de satisfação material. Como os desejos por confortos materiais são reforçados, o anseio por amor permanece insatisfeito e converte-se em uma voracidade pretensiosa e mal orientada.

3. Essa cisão, efetuada, por um lado, por fome e temor à morte por inanição, e por outro, por amor e temor à inveja e ao ódio assassinos associados ao amor, produz um estado mental no qual o paciente vorazmente persegue toda e qualquer forma de conforto material; ele é ao mesmo tempo insaciável e implacável em sua busca de saciedade. Uma vez que esse estado tem origem em uma

---

2 Ver Capítulo 4, item 4.

necessidade de o paciente se livrar das complicações emocionais da percepção da vida e de uma relação com objetos vivos, ele parece ser incapaz de sentir gratidão ou consideração seja por si mesmo ou pelos outros. Esse estado envolve destruição de sua consideração pela verdade. Como esses mecanismos fracassam em livrar o paciente de suas dores, que ele sente como devidas à falta de alguma coisa, sua busca de uma cura toma a forma de uma procura por um objeto perdido e termina em um aumento da dependência de satisfação material; a preocupação principal deve ser a quantidade, e não a qualidade. O paciente sente estar rodeado por objetos bizarros,[3] de forma que mesmo os confortos materiais são maus e incapazes de satisfazer suas necessidades. Mas ele carece do equipamento, função-alfa, por meio do qual poderia compreender seus apuros. O paciente, de modo voraz e temeroso, pega um elemento-beta atrás do outro, aparentemente incapaz de conceber qualquer outra atividade além da introjeção de mais elementos-beta. Ao observarmos essa situação acontecendo em análise, sentimos que o paciente nunca deixará de perseguir um curso de ação cuja futilidade, pensaríamos, não é possível que ele desconheça. O paciente pensa que as interpretações, sem exceção, são más; mesmo assim, ele tem que ter mais e mais delas. No entanto, o paciente não sente que está tendo interpretações, pois isso envolveria uma capacidade de estabelecer com o analista a contraparte da relação que uma criança tem com um seio que fornece sabedoria material e amor. Mas ele se sente capaz apenas de estabelecer a contraparte de uma relação em que tal sustento só pode ser obtido da forma como objetos inanimados podem fornecê-lo; ele pode ter interpretações analíticas que sente serem flatos ou contribuições notáveis mais

---

3   W. R. Bion (1957), "Differentiation of psychotic from the non-psychotic personalities", *International Journal of Psycho-Analysis, 38*:266-275. Também em W. R. Bion (1967), "Second thoughts: selected papers on psychoanalysis", in *The complete works of W. R. Bion* (Vol. 6).

por aquilo que elas não são do que por aquilo que elas são. O fato de o paciente usar um equipamento adequado para o contato com o inanimado para estabelecer contato consigo mesmo ajuda a explicar a confusão produzida quando tal paciente fica ciente de que ele, de fato, está vivo.[4] Embora o paciente sinta que não existem aspectos redentores em seu ambiente, incluindo nesse ambiente as interpretações do analista e sua própria falta de equipamento para aprender qualquer coisa de sua experiência, o paciente finalmente capta algo do sentido do que lhe é dito.

---

4   Ver Capítulo 6, item 2.

6

1. O paciente mostra suas reações aos bens materiais por meio das reações que tem às comodidades do consultório: o divã e outras facilidades. Por que precisa ter mais e mais dessas "comodidades"? Parte da resposta reside no *splitting* que separou os confortos materiais dos psíquicos como uma fuga por temor à inveja, tanto a própria como a alheia.

2. A tentativa de se evadir da experiência de contato com objetos vivos, por meio da destruição da função-alfa, deixa a personalidade incapaz de ter uma relação com qualquer aspecto de si mesma que não se assemelhe a um autômato. Apenas elementos-beta ficam disponíveis para qualquer atividade que tome o lugar do pensar, e elementos-beta servem apenas para evacuação – talvez, por intermédio de identificação projetiva. O manejo desses elementos-beta se dá por um processo evacuatório similar aos movimentos da musculatura, como mudanças de semblante etc., procedimentos que Freud descreveu como destinados a descarregar a personalidade de acréscimos de estímulos, e não a efetuar mudanças no ambiente; um movimento muscular, por exemplo, um sorriso, deve

ter uma interpretação diferente do sorriso da personalidade não psicótica. Os fenômenos presentes na análise não são idênticos aos que Freud descreveu na fase de dominância do princípio do prazer, quando a personalidade age para se livrar do acréscimo de estímulos. Aquela personalidade é, dentro de certos limites, normal; esta personalidade que estou descrevendo é altamente anormal. Atividades que ocorrem, sob o domínio do princípio do prazer, para liberar a personalidade de acréscimos de estímulos são substituídas, na fase de dominância do princípio da realidade, pela ejeção de elementos-beta indesejados. Um sorriso ou uma formulação verbal precisam ser interpretados como um movimento muscular de evacuação, e não como uma comunicação de sentimento.

O cientista cujas investigações incluem a matéria da própria vida encontra-se em uma situação paralela à dos pacientes que estou descrevendo. O colapso no equipamento para pensar leva à dominância de uma vida mental em que o universo do paciente fica povoado por objetos inanimados. A inabilidade de fazer uso dos próprios pensamentos, mesmo nos seres humanos mais avançados, porque a capacidade de pensar é rudimentar em todos nós, significa que o campo para investigação – toda investigação sendo em última análise científica – fica limitado, por inadequação humana, aos fenômenos que têm as características do inanimado. Assumimos que a limitação psicótica é devida a uma doença, mas que a limitação do cientista não o é. A investigação dessa suposição ilumina, de um lado, a doença, e, de outro, o método científico. Parece que nosso equipamento rudimentar para "pensar" pensamentos é adequado quando os problemas estão associados ao inanimado, mas não quando o objeto de investigação é o fenômeno da própria vida. O analista, confrontado com a complexidade da mente humana, precisa ser criterioso ao seguir até mesmo o método científico aceito; a fragilidade de tal método pode estar mais próxima da fragilidade do pensar psicótico do que um exame superficial admitiria.

7

1. Se um homem tem uma experiência emocional, acordado ou dormindo, e é capaz de convertê-la em elementos-alfa, pode tanto permanecer inconsciente dessa experiência emocional como tornar-se consciente dela. O homem adormecido tem uma experiência emocional, converte-a em elementos-alfa e assim torna-se capaz de ter pensamentos oníricos. Desse modo, fica livre para se tornar consciente (isto é, acordar) e descrever a experiência emocional por meio de uma narrativa conhecida usualmente como um sonho.

2. Um homem que conversa com um amigo converte as impressões sensoriais dessa experiência emocional em elementos-alfa, tornando-se, assim, capaz de ter pensamentos oníricos e, portanto, uma consciência não perturbada dos fatos, sejam os fatos os eventos dos quais ele participa, seus sentimentos sobre esses eventos, ou ambos. Ele é capaz de permanecer "adormecido" ou inconsciente de certos elementos que não podem penetrar a barreira apresentada pelo seu "sonho". Graças ao "sonho", ele pode continuar acordado ininterruptamente, isto é, acordado para o fato de estar conversando com seu amigo, mas adormecido para elementos que, se pudessem penetrar a barreira de seus "sonhos", levariam à dominação de sua mente por aquilo que comumente são ideias e emoções inconscientes.

O sonho ergue uma barreira contra fenômenos mentais que poderiam sobrecarregar a percepção do paciente de que ele está conversando com um amigo e, ao mesmo tempo, impossibilita que sua consciência de estar conversando com um amigo sobrecarregue suas fantasias. A tentativa do psicótico de discriminar um fenômeno do outro leva ao pensamento racional caracterizado por uma peculiar falta de "ressonância". O que ele diz claramente e em discurso articulado é unidimensional. Não tem nuances de significado. Faz com que o ouvinte fique propenso a dizer: "E daí?". Não tem a capacidade de evocar uma cadeia de pensamentos.

3. O "sonho" tem muitas das funções de censura e resistência. Essas funções não são produtos do inconsciente, mas instrumentos por meio dos quais o "sonho" cria consciência e inconsciência e as diferencia.

Em resumo: o "sonho", junto com a função-alfa que torna o sonho possível, é central para a operação de consciência e inconsciência, da qual depende o pensamento ordenado. A teoria da função-alfa do "sonho" tem os elementos do enfoque representado pela teoria psicanalítica clássica dos sonhos, quer dizer, nela estão representadas censura e resistência. Mas, na teoria da função-alfa, os poderes de censura e resistência são essenciais para a diferenciação entre consciente e inconsciente e ajudam a manter a discriminação entre os dois. Essa discriminação deriva da operação do "sonho", que é uma combinação em forma narrativa de pensamentos oníricos, pensamentos que por sua vez derivam de combinações de elementos-alfa. Nessa teoria, a habilidade para "sonhar" protege a personalidade daquilo que é virtualmente um estado psicótico. Portanto, ajuda a explicar a tenacidade com que o sonho, como está representado na teoria clássica, defende-se da tentativa de tornar o inconsciente consciente. Tal tentativa parece indistinguível da destruição da capacidade de sonhar, uma vez que essa capacidade se relaciona com diferenciar consciente de inconsciente[1] e com manter a diferença assim estabelecida.

---

1 "Diferenciar consciente de inconsciente." Esse uso de palavras é típico da dificuldade de usar termos ambíguos quando termos mais precisos não estão disponíveis. Eu não quero dizer "o" consciente ou "o" inconsciente, pois, para isso, haveria a necessidade de um observador que diferenciasse dois objetos. Contudo, eu não quero excluir essa penumbra de significados, porque quando elementos são diferenciados, alguns tornando-se conscientes e outros inconscientes, é razoável dizer que existe um inconsciente, caso tal conceito seja valioso.

8

1. Agora vou transferir tudo o que disse sobre o estabelecimento de consciente e inconsciente e de uma barreira entre os dois para uma suposta entidade, que designo uma "barreira de contato"; Freud usou esse termo para descrever a entidade neurofisiológica que depois veio a ser conhecida como uma sinapse. Em conformidade com isso, vou reformular minha afirmação de que um homem tem de "sonhar" uma experiência emocional corrente, quer ela ocorra no sono ou na vigília, assim: a função-alfa do homem, dormindo ou acordado, transforma as impressões sensoriais relacionadas a uma experiência emocional em elementos-alfa, que vão se unindo conforme se proliferam para formar a barreira de contato. Essa barreira de contato, portanto em contínuo processo de formação, assinala o ponto de contato e separação entre elementos conscientes e inconscientes e origina a distinção entre os dois. A natureza da barreira de contato vai depender da natureza do suprimento de elementos-alfa e da maneira como esses elementos se relacionam entre si. Eles podem coerir. Eles podem se aglomerar. Eles podem ser ordenados sequencialmente para dar a aparência de narrativa

48 APRENDER DA EXPERIÊNCIA

(pelo menos na forma pela qual a barreira de contato pode se revelar em um sonho). Eles podem ser ordenados logicamente. Eles podem ser ordenados geometricamente.

2. O termo "barreira de contato" enfatiza o estabelecimento de contato entre consciente e inconsciente e a passagem seletiva de elementos de um para outro. Da natureza da barreira de contato dependerá a mudança de elementos do sistema consciente para o sistema inconsciente e vice-versa. Na medida em que os sonhos permitem acesso direto ao estudo dessa mudança, eles preservam na psicanálise a posição central que Freud lhes conferiu. A natureza da transição de consciente para inconsciente e vice-versa e, por conseguinte, a natureza da barreira de contato e de seus componentes elementos-alfa afetam a memória e as características de qualquer memória dada.

3. Na prática, a teoria das funções e a teoria de uma função-alfa tornam possíveis interpretações que mostram de modo preciso como o paciente sente ter sentimentos, mas não consegue aprender com eles, e sensações, algumas das quais são extremamente tênues, mas tampouco consegue aprender com elas. Pode-se demonstrar que uma determinação de não experimentar nada coexiste com uma inabilidade de rejeitar ou ignorar qualquer estímulo. Podemos ver que impressões sensoriais têm algum significado, mas o paciente sente-se incapaz de saber qual é esse significado.

4. Interpretações derivadas dessas teorias parecem efetuar mudanças na capacidade de o paciente pensar e, portanto, de compreender. Tal resposta é por si só peculiar o bastante para merecer uma explicação, em vista dos fenômenos que estão sendo investigados. Em primeiro lugar, a natureza das dificuldades, se elas de fato estiverem sendo descritas com precisão, pareceria excluir a possibilidade de o paciente conseguir captar a descrição. Uma tal dificuldade pode ser superada por uma elucidação de diferentes graus de incapacidade. Do ponto de vista da técnica, seria aceitável se a resposta a interpretações baseadas no uso de uma teoria de funções, função-alfa e barreira de contato viesse a confirmar de algum modo que uma realização se aproxima desses conceitos teóricos. Cientificamente, a validação da teoria seria apoiada então por uma correlação entre a evidência de que a análise aumentou a capacidade para pensar e a evidência da existência de uma realização que corresponde ao construto teórico abstrato. De fato, existe um efeito "eco" quando uma interpretação é dada e ajuda a apoiar a ideia de que o conceito teórico de barreira de contato tem uma realização correspondente. A discussão desse efeito está fora do escopo desse assunto, e vou deixá-la para outra ocasião.

Nos Capítulos de 3 a 8, usei o conceito de função-alfa para preencher lacunas em meu conhecimento sobre um estado de mente que encontramos na prática psicanalítica e que quero descrever. Assim, fui capaz de prosseguir com a comunicação sem ter de esperar pela descoberta dos fatos que faltam, e sem fazer afirmações que poderiam parecer sugerir que os fatos já seriam conhecidos.

Agora, preciso mostrar como a teoria das funções é usada como uma ferramenta no trabalho analítico. Dou exemplos do pano de fundo de experiências emocionais (realizações) a partir do qual a teoria foi abstraída e, em seguida, compartilho exemplos de realizações, desconhecidas quando a teoria foi abstraída, que subsequentemente se descobriu que eram próximas à teoria. Infelizmente, o material não se presta a tal exposição lógica sem gerar uma enganosa distorção dos fatos. No próximo capítulo, enfatizo o pano de fundo da experiência emocional a partir do qual a teoria foi abstraída. A descrição é de elementos a partir dos quais se fez a abstração, mas esses elementos estão misturados a tantos outros que é impossível reivindicar para ela qualidades que ordinariamente são consideradas essenciais a uma produção científica.

9

1. Um pequeno número de pacientes com quem tive de lidar apresentaram predominantemente sintomas de perturbações na capacidade de pensar. No curso de seus tratamentos surgiram oportunidades para interpretações transferenciais ortodoxas, e foram aproveitadas, mas, amiúde, os pacientes nada aprenderam com elas. O fluxo de associações desconexas continuou. Interpretações baseadas em teorias de erotismo anal, em suas várias formas; teorias sobre a necessidade do paciente de improvisar uma personalidade a partir de elementos que sentia como inúteis e que, portanto, se permitiria perder; teorias de *splitting*, identificação projetiva, defesa contra um ataque violento, e assim por diante, tiveram todas um efeito muito tênue. Havia sinais de confusão que aprendi a associar com identificação projetiva. Portanto, presumi que eu era o repositório de uma parte de sua personalidade, como sua sanidade ou a parte não psicótica de sua personalidade. Não tardou até que eu decidisse que mais interpretações baseadas nessas teorias provavelmente não teriam qualquer utilidade. Testei a suposição de que eu continha a parte não psicótica de sua personalidade e então comecei a me dar conta de que o paciente supunha que eu estava consciente do que estava ocorrendo enquanto ele não estava. Eu era (continha) seu "consciente". Às vezes, eu conseguia visualizar a situação que se desdobrava na análise como se o paciente fosse um feto a quem as emoções da mãe eram comunicadas, mas para quem o estímulo para essas emoções, assim como sua fonte, era desconhecido (ver "confecção de modelos", Capítulo 22, item 2). Outras vezes, o paciente parecia ter uma ideia rudimentar do que estava ocorrendo, mas nenhuma ideia de como se sentia. Não vou descrever aqui as variações sobre esse tema, por não serem substancialmente diferentes daquelas descritas por Klein, Rosenfeld e outros. O problema que aguardava solução, e que estou discutindo agora, foi determinar que parte era essa. A teoria das funções ofereceu uma perspectiva de solucionar esse problema por meio da suposição de que eu continha funções desconhecidas da personalidade do paciente e, a partir disso, examinar minuciosamente a experiência da sessão em busca de pistas de quais poderiam ser essas funções. Presumi que eu era a "consciência". A teoria de Freud de que a consciência é o órgão sensorial da qualidade psíquica permitiu supor que uma separação entre consciência e qualidade psíquica estava sendo efetuada. Essa suposição se revelou frutífera, mas apenas por uma ou duas sessões, e então voltei a me encontrar na mesma situação de antes, ou quase. Ainda estava concebendo o problema como algo que poderia ser resolvido nos termos das teorias da transferência e da identificação projetiva, quer dizer, que eu poderia presumir que os pacientes sentiam estar sendo examinados detalhadamente por mim e pelas partes da sua personalidade que eles supunham contidas em mim. À luz das teorias da transferência e da identificação projetiva, o material que brotava podia ser visto como o vínculo entre paciente e analista, e pude interpretá-lo do modo descrito em "Ataques ao vínculo". As interpretações tiveram algum êxito, mas não senti que as mudanças se relacionavam necessariamente ao esclarecimento recebido por meio delas. Ocorreu-me então que o paciente estava fazendo o que descrevi anteriormente como "sonhar" os eventos imediatos na análise – quer dizer, traduzindo impressões sensoriais em elementos-alfa. Algumas vezes, essa ideia pareceu iluminadora, mas só se tornou dinâmica quando eu a relacionei a uma função-alfa *defeituosa*, isto é, quando me ocorreu estar testemunhando uma incapacidade para sonhar em razão da falta de elementos-alfa e, portanto, uma incapacidade para dormir ou acordar, para estar consciente ou inconsciente.

2. Isso poderia explicar por que eu era um "consciente" incapaz das funções de consciência, e ele um "inconsciente" incapaz das funções de inconsciência. (Em prol da simplicidade, estou supondo que essa divisão de funções permaneceu estacionária, mas, na verdade, não foi assim; os papéis eram intercambiáveis.)

3. Tal situação não corresponde ao referencial teórico que sugeri, especificamente a teoria de uma barreira de contato que deve sua existência à proliferação de elementos-alfa mediante a função-alfa, servindo à função de uma membrana que, em virtude da natureza de sua composição e permeabilidade, separa fenômenos mentais em dois grupos, um dos quais perfaz as funções da consciência e o outro as da inconsciência.

4. Na nova situação existe um arremedo de divisão, como que pairando entre analista e paciente, mas sem oferecer qualquer resistência à passagem de elementos de uma zona à outra. Essa divisão não serve para o estabelecimento de consciente e inconsciente e conduz, portanto, a desenvolvimentos defectivos ou anômalos de uma capacidade de memória e repressão. A diferença entre os dois estados deriva das diferenças entre uma barreira de contato composta por elementos-alfa e outra composta, se essa for a palavra correta, por elementos-beta. Vale lembrar que esses últimos

parecem carecer de uma capacidade de ligação entre si. Clinicamente, essa tela de elementos-beta se apresenta à observação superficial como se fosse indistinguível de um estado de confusão, em particular de qualquer um dentre aqueles estados confusionais que se assemelham aos sonhos, a saber: (1) um jorro de frases e imagens desconexas que, se o paciente estivesse dormindo, acreditaríamos com certeza ser evidência de ele estar sonhando; (2) um jorro similar, mas expresso de uma maneira que sugere que o paciente está fingindo sonhar; (3) um jorro confuso que parece evidenciar alucinação; (4) similar a (3), porém sugestivo de uma alucinação de um sonho; não tive ocasião para supor que o paciente estivesse sonhando que estava alucinado. Todos os quatro estados estão relacionados a um temor de que a posição depressiva precipite um superego assassino e, portanto, à necessidade de ter a experiência emocional em que isso possa acontecer na presença do analista. Clinicamente, a tela de elementos-beta à qual estou me referindo apresenta uma forte e superficial semelhança com qualquer uma dessas quatro classes, sendo possível supor que seja idêntica a elas.

5. A comparação da tela de elementos-beta com os estados de confusão que se assemelham aos sonhos mostra que a tela de elementos-beta tem coerência e intencionalidade. Uma interpretação de que o paciente estava descarregando um fluxo de material destinado a destruir a potência psicanalítica do analista não pareceria fora de lugar. Uma interpretação de que o paciente estava mais interessado em reter do que em compartilhar informação seria igualmente correta. Uma característica da situação é a pletora de interpretações que ocorreria a qualquer pessoa dotada de algum bom senso. Porém, elas não ocorrem ao paciente. Essas interpretações de bom senso têm uma característica em comum, pois são todas acusatórias ou, alternativamente, laudatórias, como se artificiosas na intenção de reassegurar o paciente de sua bondade à luz

das evidências. Isso não é fortuito; seria difícil sustentar que fosse em face das evidências. Somos forçados a uma conclusão inesperada e surpreendente, qual seja, a de que a tela de elementos-beta – a partir de agora vou chamá-la abreviadamente de tela-beta – tem uma qualidade que a capacita a evocar o tipo de resposta que o paciente deseja, ou, alternativamente, uma resposta do analista bastante carregada de contratransferência. Por suas implicações, ambas as possibilidades requerem exame.

10

1. Graças à tela-beta, o paciente psicótico tem uma capacidade de evocar emoções no analista; suas associações são os elementos da tela-beta que visam evocar interpretações ou outras respostas que são menos relacionadas à sua necessidade de interpretação psicanalítica que à sua necessidade de produzir um envolvimento emocional. [Isso sugere existir uma capacidade para intuição que parece incompatível com as ideias ordinárias a respeito da insanidade. Na medida em que é uma conduta proposital, o objetivo precisa ser controlado e ditado pela parte não psicótica da personalidade. A evocação característica da tela-beta, se bem-sucedida, significa que o paciente está privado de material terapêutico genuíno, nomeadamente a verdade, e, portanto, aqueles dentre seus impulsos que estão dirigidos para a sobrevivência estão sobrecarregados na tentativa de extrair cura de um material terapeuticamente pobre.][1]

---

1 As frases entre colchetes apareciam na versão original como notas finais dos capítulos. Todas as outras frases que foram integradas ao texto a partir das notas finais originais também estão indicadas por colchetes [N. do editor inglês das *Obras completas*].

58 APRENDER DA EXPERIÊNCIA

A teoria das contratransferências oferece uma explicação que é apenas parcialmente satisfatória, pois se ocupa da manifestação como um sintoma das motivações inconscientes do analista e, portanto, deixa inexplicada a contribuição do paciente. Em primeiro lugar, o paciente para o qual se destinam essas teorias não está empregando linguagem articulada; está demonstrando com evidente sinceridade uma incapacidade de compreender seu próprio estado de mente, mesmo quando este lhe é assinalado. O uso que faz das palavras está muito mais próximo de uma ação destinada a "descarregar a psique de acréscimos de estímulos" do que da fala. Em segundo lugar, ele não se põe a trabalhar para manipular o analista do mesmo modo que o neurótico. Há uma consistência nas características dos elementos-beta. A linguagem que devo usar para descrever uma situação dinâmica produz uma distorção, porque é a linguagem de um método científico destinado ao estudo do inanimado. Essa distorção afeta meu pleito de que certas características da tela-beta são consistentes. Seria mais verdadeiro dizer que uma situação dinâmica evolve e que sua evolução é denunciada pela emergência de uma característica específica, que perpassa um número crescente de elementos e lhes dá consistência. A substituição de uma barreira de contato por uma tela-beta é um processo vivo. As observações do analista, por razões ligadas à natureza da mudança da posição esquizoparanoide para a posição depressiva e vice-versa, adicionam um elemento à situação analítica que faz com que seu desenvolvimento pareça ser uma transição de partículas ou elementos separados para uma síntese desses mesmos elementos. Um elemento substitui o outro, de maneira análoga à substituição de um julgamento por outro quando examinamos uma figura que ilustra a perspectiva reversível.

2. O analisando traz mudanças que estão associadas à substituição da função-alfa por algo que pode ser descrito como uma reversão de direção da função. [A reversão de direção é compatível com o tratamento de pensamentos por evacuação; isso quer dizer que se a personalidade carece do equipamento que poderia capacitá-la a "pensar" pensamentos, mas é capaz de tentar livrar a psique de pensamentos de modo muito similar a como se livra de acréscimos de estímulos, então o método empregado pode ser a reversão da função-alfa.] Em vez de impressões sensoriais sendo modificadas para elementos-alfa para uso em pensamentos oníricos e pensamento inconsciente de vigília, o desenvolvimento da barreira de contato é substituído por sua destruição. Isso é efetuado pela reversão da função-alfa, de modo que a barreira de contato e também os pensamentos oníricos e o pensar inconsciente de vigília, que formam a textura da barreira de contato, são convertidos em elementos-alfa destituídos de todas as características que os separam de elementos-beta e são então projetados, formando assim a tela-beta. [A remoção das características dos elementos-alfa que os diferenciam dos elementos-beta é importante. A teoria da palavra como o nome de um sistema dedutivo científico, por exemplo, "Papá", fornece um modelo. O sistema dedutivo científico consiste em uma série de hipóteses. O sistema é uma declaração de que certos elementos estão constantemente conjugados. A conjunção e os elementos conjugados dependem da pré-concepção (um conhecimento *a priori* do indivíduo) e das realizações que o indivíduo descobriu se aproximarem sucessivamente da preconcepção, transformando-a em uma concepção. A concepção, por sua vez, torna-se uma abstração, ou modelo, à qual se descobre, ou se acredita, que mais realizações se aproximam. São essas associações, que o sistema dedutivo científico declara agora estarem constantemente conjugadas (e em função dessa declaração *estão* constantemente conjugadas na mente do indivíduo), que são subtraídas da palavra que é o nome do sistema dedutivo científico, de modo que, finalmente, só o nome "Papá" permanece. Não estou considerando o valor social do nome

"Papá", tampouco a versão social do sistema dedutivo científico chamado por esse nome. O aspecto que estou discutindo é aquele que existe antes da publicação, sendo, portanto, privativo ao indivíduo. É esse aspecto de um fenômeno que, nos termos de Kant, seria chamado de qualidade secundária, a menos que houvesse evidência, por meio de publicação, da universalidade que Kant atribui às qualidades primárias.]

3. A reversão da função-alfa significa a dispersão da barreira de contato, sendo bastante compatível com o estabelecimento de objetos com as características que atribuí anteriormente aos objetos bizarros. A compatibilidade seria muito maior se, a despeito de meu alerta de que barreira de contato (uma função) e ego (uma estrutura) não deveriam ser considerados termos intercambiáveis referentes à mesma coisa, pudéssemos considerar que a reversão da função-alfa afetou de fato o ego e, portanto, não produziu um simples retorno aos elementos-beta, mas objetos que diferem em aspectos importantes dos elementos-beta originais, que não possuíam nenhum matiz da personalidade aderida a eles. O elemento-beta difere do objeto bizarro, pois o objeto bizarro é um elemento-beta adicionado de traços de ego e superego. A reversão da função-alfa violenta a estrutura associada à função-alfa.

4. Revisando os termos que utilizei até agora: (1) o ego é uma estrutura que, conforme a descrição de Freud, consiste em um desenvolvimento especializado do id, tendo a função de estabelecer contato entre a realidade psíquica e a externa; (2) função-alfa é o nome dado a uma abstração que o analista usa para descrever uma função, cuja natureza ele ignora, até o momento em que se sentir capaz de substituir a abstração pelos fatores para os quais sente ter obtido evidências no decorrer da investigação em que está empregando a função-alfa. Ela corresponde àquela função de alguns fatores, incluindo a função do ego, que transforma dados sensoriais em elementos-alfa. Elementos-alfa compreendem imagens visuais, padrões auditivos e padrões olfativos, e servem para emprego em pensamentos oníricos, pensamento inconsciente de vigília, sonhos, barreira de contato, memória. Clinicamente, o objeto bizarro que está impregnado de características de superego é o que mais se aproxima de fornecer uma realização que corresponda ao conceito de elementos-beta. No entanto, o conceito de elemento-beta inclui apenas impressões sensoriais: a impressão sensorial como se fosse uma parte da personalidade que experimenta a impressão sensorial, e a impressão sensorial como se fosse a coisa-em-si à qual corresponde a impressão sensorial.

Deve-se notar que a função-alfa também pode ser considerada uma estrutura, uma peça do aparelho mental que produz a barreira de contato. Por sua vez, pode-se considerar que a barreira de contato, como o nome que lhe dei sugere, tem as características de uma estrutura. Essa é uma repetição do problema implícito na diferenciação entre ego, consciência e função-alfa, e é útil considerar as implicações dessa peculiaridade da investigação psicanalítica, a dizer, o uso de conceitos relacionados a objetos que algumas vezes precisamos considerar como se fossem relacionados a máquinas, isto é, como se fossem inanimados, e outras vezes como se fossem funções que certamente estão impregnadas de características de vida, uma vez que estamos lidando com seres humanos e não máquinas. No caso de a função-alfa ser usada como uma incógnita que corresponde a uma realização que está em mudança de desconhecida para conhecida, o nome dado a esses objetos teria de deixar claro se estamos observando o objeto em seu caráter de função, estrutura ou abstração.

Podemos esperar que a barreira de contato se manifeste clinicamente – caso ela se manifeste de alguma forma – como algo que se assemelha a sonhos. Como vimos, a barreira de contato permite

62 APRENDER DA EXPERIÊNCIA

um relacionamento e a preservação da crença nesse relacionamento como um evento na realidade, sujeito às leis da natureza, sem que essa visão fique submersa em emoções e fantasias originadas endopsiquicamente. Reciprocamente, ela preserva emoções de origem endopsíquica de serem soterradas pela visão realística. Portanto, a barreira de contato é responsável pela preservação da distinção entre consciente e inconsciente e por sua gênese. O inconsciente é assim preservado. Ele está sendo recrutado pela função-alfa para armazenar elementos-alfa, mas sua intrusão na consciência é inibida nas ocasiões em que sua influência na compreensão que uma pessoa tem da situação da realidade externa seria sentida como irrelevante ou como um deslocamento do pensamento ordenado.

11

1. A teoria das funções, e a teoria da função-alfa em particular, possibilitam outras contribuições para uma compreensão dos processos do pensar. Vou considerar a natureza e a função do pensar em qualquer situação que pareça espelhar uma época primeva na vida do homem, ou suas profundezas primitivas atuais, em que seria possível detectar qualidades que associamos ao pensamento. Freud, em "Formulações sobre os dois princípios do funcionamento mental",[1] diz: "A coibição da descarga motora (da ação), que então se tornou necessária, foi proporcionada por meio do processo do pensar, que se desenvolveu a partir da apresentação de ideias. O pensar foi dotado de características que tornaram possível ao aparelho mental tolerar uma tensão aumentada de estímulos, enquanto o processo de descarga era adiado. Ele é essencialmente um tipo experimental de ação, acompanhado por deslocamento de quantidades relativamente pequenas de catexias, junto com menor dispêndio (descarga) destas". Ele continua: "Para esse fim, foi necessária a transformação de catexias livremente móveis em

---

1 Freud (1911).

catexias 'vinculadas', o que se conseguiu mediante elevação do nível de todo o processo catexial". E segue: "É provável que o pensar fosse originalmente inconsciente, na medida em que ultrapassava simples apresentações ideativas e era dirigido para as relações entre impressões de objeto, e que adquiriu outras qualidades perceptíveis à consciência somente mediante sua conexão com os traços de memória das palavras". Na formulação de Freud, fica implícito o papel desempenhado pela intolerância à frustração na produção de tensão, e então seu alívio, pelo emprego do pensamento para preencher o intervalo entre a necessidade de descarregar a psique de acréscimos de estímulos e a descarga de fato. O vínculo entre intolerância à frustração e o desenvolvimento do pensamento é central para uma compreensão do pensar e de seus distúrbios. A formulação de Freud sugere que o princípio de realidade é subsequente ao princípio do prazer; a formulação necessita ser modificada para fazer com que os dois princípios coexistam. Embora eu não vá discutir isso imediatamente, faço a ressalva de que a intolerância à frustração pode ser excessiva, uma mudança quantitativa que quase se torna uma mudança qualitativa. Vamos agora supor intolerância à frustração aliada à fome; suponha ainda que a satisfação da fome esteja impedida por outros fatores da personalidade, como medo, voracidade ou inveja, que não permitem que o seio, ou seu equivalente, tenha qualquer sucesso em satisfazer a pessoa invejosa. Nessa situação, tanto a voracidade como a intolerância à frustração seriam intensificadas; o efeito seria bastante similar àquele decorrente de a personalidade ser dotada de excessiva intolerância à frustração. Faz diferença se intolerância à frustração, ou qualquer outra característica dinâmica, é primária ou secundária? A distinção indica que as mudanças na personalidade efetuadas por qualquer tratamento estarão limitadas aos fatores secundários, pois fatores primários não serão alterados.

As evidências clínicas a respeito da necessidade de a criança ter apoio material e psicológico mostram que é provável que ela não consiga fazer nenhuma distinção entre material e psicológico. Entretanto, em análise é possível deduzir se a deficiência foi de qualidade física ou psíquica. Não importa quão precoce essa deficiência possa ter sido, nem a que ela poderia ser devida, ela seria sentida como real e demandaria uma solução real, isto é, uma que parecesse remover a doença. A escolha que importa ao psicanalista reside entre procedimentos destinados à evasão da frustração e aqueles destinados à sua modificação. Essa é a decisão crítica.

Há outros modos de classificar o procedimento adotado, por exemplo, aqueles que, em última análise, acabam se revelando pertencentes à classe das ações musculares (movimentos físicos em geral) e aqueles que são destinados a desenvolver, de modo que, por fim, são classificados como pertencentes ao domínio do pensamento. O fato de a decisão estar relacionada a uma classificação tão definitiva é importante, mas no momento desejo focar a atenção em fenômenos geneticamente relacionados à coexistência na personalidade de sentimentos de frustração, intolerância a sentimentos de frustração, emoções correlatas e a decisão que emerge de tal concatenação de elementos.

12

1. A atividade que conhecemos como "pensar" foi, na origem, um procedimento para descarregar a psique de acréscimos de estímulos: o mecanismo é aquele que Melanie Klein descreveu como identificação projetiva. Em linhas gerais, essa teoria diz que existe uma fantasia onipotente de que é possível clivar partes da personalidade temporariamente indesejáveis, embora algumas vezes valorizadas, e colocá-las dentro de um objeto. Na prática, é possível, e desejável no interesse de uma terapia benéfica, observar e interpretar a evidência que apoia essa teoria e que essa teoria explica como nenhuma outra o faz.

2. Também é viável – na realidade, essencial – observar evidências que mostram que um paciente, em quem se pode deduzir a operação dessa fantasia onipotente, é capaz de se comportar de um modo relacionado a uma contraparte dessa mesma fantasia na realidade. O paciente, mesmo no início da vida, tem contato com a realidade suficiente para capacitá-lo a agir de um modo que engendre na mãe sentimentos que ele não quer, ou que ele quer que a mãe tenha. Para fazer com que a teoria corresponda a esses achados clínicos, sugeri uma ampliação da teoria do princípio do prazer, de Freud, de forma a considerar o princípio da realidade operando em coexistência com o princípio do prazer. Um exemplo da tentativa de transformar a fantasia onipotente em realidade pode ser visto no paciente que tem o impulso de forçar os outros a sentir que ele é capaz de assassinar os pais sexuais, de modo a se sentir apto a ter um relacionamento sexual amoroso isento do medo de que assassinaria seu parceiro e a si mesmo, como estaria propenso a fazer caso observasse a si e seu parceiro exibindo evidências de paixão sexual mútua. Sugeri que em sua forma extrema isso poderia conduzir até mesmo ao assassinato, como um método de efetivar essa fantasia onipotente de identificação projetiva no mundo da realidade; sem tal ação, ela permaneceria apenas uma fantasia onipotente.

3. Há exemplos bem menos dramáticos e que, portanto, demandam que o analista tenha perspicácia para discerni-los. É importante que o analista os observe. Ou seja, o psicanalista precisaria observar e interpretar a operação da fantasia como um fenômeno mental dedutível da evidência, e observar sinais de que o paciente está suficientemente ajustado à realidade para ser capaz de manipular seu ambiente de modo a fazer com que a fantasia de identificação projetiva pareça ter substância na realidade.

4. Quanto mais esse componente realístico ficar evidente e passível de ser evidenciado para o paciente, maior será a possibilidade de julgar a extensão em que um paciente grave e reconhecidamente doente do ponto de vista mental tem contato com a realidade, embora nem sempre uma realidade familiar a indivíduos mais bem desenvolvidos.

5. A habilidade do paciente de conjugar sua fantasia onipotente de identificação projetiva com a realidade está diretamente relacionada com a sua capacidade para tolerar frustração. Se ele não pode tolerar frustração, a fantasia onipotente de identificação projetiva

tem, proporcionalmente, menor contraparte factual na realidade externa. Isso contribui para o estado descrito por Melanie Klein como identificação projetiva *excessiva*. Entretanto, o excesso deve ser examinado cuidadosamente. Pode parecer excessiva porque o analista é forçado a dar-se conta dele por intermédio dos passos realísticos que o paciente empreende para fazer com que o analista experimente de fato um tipo de emoção que o paciente não quer ter (Klein). *Esse* excesso precisa ser distinguido nitidamente da identificação projetiva excessiva que representa um recurso à fantasia onipotente como uma fuga da realidade e, especialmente, de sentimentos que não são desejados. Mas a identificação projetiva não pode existir sem a sua recíproca, a saber, uma atividade introjetiva destinada a conduzir ao acúmulo de bons objetos internos.

6. Suponhamos agora que, na realidade, o seio supre a criança com leite e sensações de segurança, calor, bem-estar, amor. Suponhamos ainda que a criança necessita – evito deliberadamente dizer "deseja" – possuir ela mesma o leite mesmo e as sensações correlatas. Podemos fazer uma distinção entre leite e amor por meio de uma classificação apropriada, ou podemos enfatizar, caso isso nos seja útil, os aspectos em que eles parecem similares. Assim, podemos dizer que leite é uma substância material e está relacionado à alimentação, sendo presumivelmente processado pelo trato digestivo. Já o amor podemos considerar como imaterial, embora comparável ao leite para o bem-estar[1] mental da criança.

---

1 Seria impossível prosseguir se eu chamasse a atenção do leitor para os muitos exemplos nos quais eu mesmo estou usando expressões em que um modelo está mais implícito do que empregado explicitamente. Contudo, pode ajudar a esclarecer o problema em que estou interessado se, ocasionalmente, eu introduzir uma interpretação desse tipo, como faço aqui. O termo "bem-estar", em si, sugere que o desenvolvimento mental, como o desenvolvimento físico, depende do funcionamento eficiente de um sistema alimentar mental. Similarmente, desenvolvimento pode sugerir uma externalização, oposta a um envolvimento [em inglês, um jogo com as palavras *development* e

70 APRENDER DA EXPERIÊNCIA

Podemos alocá-lo em uma ou mais diferentes categorias que a filosofia, a religião e outras disciplinas colocam à nossa disposição. A única razão para limitar nosso instrumental de classificação a uma disciplina é o desejo de simplificar. Quer empreguemos conceitos filosóficos, religiosos, endocrinológicos ou conceitos empregados pelos neurofisiologistas, todos eles estarão sujeitos à mesma objeção, a saber, o fato de que descrevem estados de mente com os quais estamos familiarizados, e de que precisamos deles para descrever fenômenos, ou realidades que supomos ser a contraparte daqueles fenômenos, com os quais não estamos familiarizados, mas acreditamos ter observado corretamente e atribuído corretamente à criança. Dois adultos podem entender coisas muito diferentes pela mesma palavra "amor", mas essa é a palavra de que necessito para descrever parte do que acredito ser a experiência de uma criança (incluo falta de amor). Portanto, fica claro que existem duas importantes fontes de erro que se apresentam imediatamente: o hiato semântico que tem de ser superado entre adultos que estejam discutindo o problema e a pertinência científica de se atribuir à experiência da criança uma experiência modificada, mas ainda reconhecivelmente similar.

---

envelopment, N.T.], sugestivo de internalização. Um leitor pode ficar afetado inconscientemente pelo termo "bem-estar" pelo efeito de concretização inerente ao modelo implicado, mesmo que não simpatize com essa teoria. Por outro lado, o leitor pode não ficar afetado de modo algum pelo modelo implícito em "desenvolvimento". Os leitores da obra *The King's English* (1908), de Fowler, estarão familiarizados com esse problema, pois ele se apresenta a quem esteja interessado em escrever em bom inglês (ver seus comentários sobre metáfora no Capítulo 3). Ninguém acusaria Fowler de tratar de modo superficial a escrita de um inglês correto: contudo, ele discute este problema sob o título *Airs and graces* [expressão equivalente a "caras e bocas", N.T.]. Para o psicanalista praticante, o problema fica muito perto da raiz (ou fonte, ou matriz) dos problemas relativos à capacidade de pensar e comunicar pensamentos, os quais, por sua vez, se relacionam à possibilidade de se alcançar qualquer conhecimento real.

7. Podemos supor, com um grau de convicção que não podemos sentir em relação ao amor, que o leite é recebido e processado pelo tubo digestivo. O que é que recebe e lida com o amor? A pergunta pode ser uma formulação baseada em um pensar inadequado e, portanto, propenso a conduzir a erro, a menos que consideremos qual é a situação para a mãe. Enquanto a criança recebe o leite e o processa pelo tubo digestivo, a mãe fornece esse mesmo leite pelo seu sistema glandular; ainda assim, sabemos que o leite pode falhar e que a falha tem sido atribuída a perturbações emocionais. Do mesmo modo, supõe-se que a criança sofre de distúrbios digestivos originados em uma perturbação emocional. Pode ser útil supor que existe, na realidade, um seio psicossomático e um tubo digestivo psicossomático infantil, correspondente ao seio.[2] Esse seio é um objeto de que a criança necessita para supri-la de leite e bons objetos internos. Não atribuo à criança uma consciência dessa necessidade; mas atribuo à criança uma consciência de uma necessidade não satisfeita. Podemos dizer que a criança se sente frustrada, se postularmos a existência de alguma aparelhagem por meio da qual a frustração pode ser experienciada. O conceito de Freud da consciência como "um órgão dos sentidos para a percepção de qualidades psíquicas" nos fornece uma tal aparelhagem.

8. Na condição de analista que trata de um paciente adulto, posso estar consciente de algo de que o paciente não está. Igualmente, a mãe pode discernir um estado de mente em sua criança antes que a criança possa estar consciente dele, por exemplo, quando o bebê mostra sinais de necessitar de comida antes de se dar conta claramente disso. Nessa situação imaginária, a necessidade de um seio é um sentimento, e esse sentimento é, em si mesmo, um

---

2 O termo "seio" é usado segundo o conceito de Melanie Klein.

seio mau; a criança não sente que quer um seio bom, mas de fato sente que quer evacuar um seio mau.[3]

9. Suponha que a criança seja alimentada; a ingestão de leite, calor, amor, pode ser sentida como o receber um seio bom. Sob a dominância do seio mau, que inicialmente não sofre oposição, o "ingerir" comida pode ser sentido como indistinguível de evacuar um seio mau. Sente-se que ambos, seio bom e seio mau, possuem o mesmo grau de concretude e realidade que o leite. Mais cedo ou mais tarde, o seio "querido" é sentido como uma "ideia de um seio que está faltando", e não como a ideia de um seio mau que está presente. Podemos ver que o seio mau, quer dizer, o seio que se quer, mas que está ausente, é muito mais suscetível de ser reconhecido como uma ideia do que o seio bom, que fica associado àquilo que um filósofo chamaria de coisa-em-si ou coisa-na-realidade, pois o senso de um seio bom depende da existência do leite que a criança ingeriu de fato. O seio bom e o seio mau, o primeiro associado com o leite real que satisfaz a fome e o outro com a não existência desse leite, devem ter uma diferença em termos de qualidade psíquica. "Pensamentos são um aborrecimento", disse um de meus pacientes, "não os quero". Um "pensamento" é o mesmo que a ausência de uma coisa? Se não há a "coisa", será que a "não coisa" é um pensamento? E seria em virtude do fato de que existe a "não coisa" que se reconhece que "ela" deve ser pensada? Antes de mais considerações a respeito de como essa diferença de qualidade poderia ser estabelecida, postulo outra situação. Vamos supor que a criança foi alimentada, mas não se sentiu amada. Novamente, ela fica ciente da necessidade de um seio bom, e novamente essa "necessidade de um seio bom" é um "seio mau" que necessita ser evacuado. Diferentes situações desse tipo apresentam problemas que requerem

---

3 Essa ideia pode ser compatível com a formulação de processo primário de Freud (1900) em "A interpretação dos sonhos", p. 602 [nota final incluída no original, mas não indicada no texto.] [N. do editor inglês das *Obras completas*].

diferentes soluções; em meu primeiro exemplo, a criança deveria sentir que estava evacuando o seio mau "necessidade do seio" se ela defecasse de fato enquanto é aleitada; nesse caso, a criança associaria um ato físico a um resultado que chamaríamos de uma mudança em seu estado de mente da insatisfação para a satisfação. Se é correto supor que a questão central repousa na discriminação de qualidade psíquica e se a consciência é legitimamente considerada o órgão dos sentidos para a qualidade psíquica, fica difícil ver como a consciência passa a existir. Obviamente, não basta dizer que a criança é consciente de qualidade psíquica e transforma esta experiência emocional em elementos-alfa, pois eu já disse que a existência da consciência e da inconsciência depende da produção prévia de elementos-alfa pela função-alfa. Precisamos assumir que o seio bom e o seio mau são experiências emocionais. O componente físico, leite, mal-estar na saciedade, ou o contrário, podem ser imediatamente aparentes aos sentidos e, portanto, podemos atribuir aos elementos-beta uma prioridade cronológica em relação aos elementos-alfa. A intolerância à frustração poderia ser tão acentuada que a função-alfa seria abortada pela evacuação imediata de elementos-beta. O componente mental, amor, segurança, ansiedade, sendo distinto do somático, requer um processo análogo de digestão. O uso do conceito de função-alfa oculta o que isso poderia ser, mas a investigação psicanalítica pode encontrar um valor para isso. Por exemplo, quando a mãe ama a criança, com o que ela o faz? Deixando de lado os canais físicos de comunicação, minha impressão é que seu amor se expressa por *rêverie*.

10. Embora as dificuldades de penetrar na mente adulta em análise sejam grandes, elas são menores do que a tentativa de penetrar na mente da criança por hipóteses especulativas; a investigação da *rêverie* no adulto pode nos dar uma entrada para esse problema. Podemos deduzir da *rêverie*, como a fonte psicológica de suprimento das necessidades de amor e compreensão da criança,

74 APRENDER DA EXPERIÊNCIA

que tipo de órgão psicológico receptor é necessário que a criança tenha para poder se beneficiar da *rêverie* do mesmo modo como é capaz de se beneficiar do seio e do leite que ele fornece graças às capacidades digestivas do trato alimentar. Posto de outro modo, assumindo a função-alfa como aquela que torna disponível para a criança o que de outra forma permaneceria indisponível exceto para fins de evacuação como elementos-beta, quais são os *fatores* dessa função que se correlacionam diretamente com a capacidade de *rêverie* da mãe?

11. A capacidade de *rêverie* da mãe é considerada aqui inseparável do conteúdo, pois claramente um depende do outro. Se a mãe que amamenta não consegue se permitir a *rêverie*, ou se a *rêverie* é permitida, mas não está associada a amor pela criança ou pelo pai dela, esse fato será comunicado à criança, mesmo que seja incompreensível para ela. A qualidade psíquica será transmitida aos canais de comunicação, os vínculos com a criança. O que acontece vai depender da natureza dessas qualidades psíquicas maternais e de seu impacto nas qualidades psíquicas da criança, pois o impacto de uma sobre a outra é uma experiência emocional sujeita, do ponto de vista do desenvolvimento do par e dos indivíduos que o compõem, à transformação pela função-alfa. O termo *rêverie* pode ser aplicado a quase qualquer conteúdo. Desejo reservá-lo apenas para os conteúdos que estiverem impregnados de amor ou ódio. *Rêverie*, usado nessa estrita acepção, é aquele estado de mente que está aberto à recepção de quaisquer "objetos" provenientes do objeto amado e que, portanto, é capaz de receber as identificações projetivas da criança, independentemente de a criança senti-las como boas ou más. Em suma, *rêverie* é um fator da função-alfa da mãe.

12. Voltemos agora à criança que contém[4] uma "necessidade do seio", sentimento que, como eu disse, é equiparado a um "seio mau".[5] Esse seio mau tem de ser trocado por um seio bom.

[Se me perguntam o que eu entendo por "seio mau", só posso dizer que entendo o que a criança entende. Se me perguntam o que é isso, posso dizer que, no decorrer da experiência empírica de análise, um paciente mostra certos sentimentos que, acredito, foi bem-sucedido em comunicar a mim. Preciso, por razões ligadas à prática de análise, dizer quais são esses sentimentos. Para fazê-lo, posso recorrer a certo material, cuja fonte descreverei posteriormente, para fazer um modelo. Comparo esse modelo com o que está ocorrendo na sala e faço minha interpretação de que, dentre as coisas que o paciente sente que contém, está um "seio mau". Posso apresentar a cena, como eu a vejo, da criança e do analista da seguinte maneira: A. Imagino que o bebê está tendo uma experiência emocional desagradável. B. Penso que o bebê pensa que contém um seio mau. A. Penso que a experiência emocional dolorosa está associada à reunião de uma pré-concepção e um elemento-beta. B. Imagino que o bebê, dependendo de sua personalidade, pode: (1) ejetar o elemento-beta e estabelecer a base para a incapacidade de pensar; (2) aceitar o elemento-beta em justaposição com

---

4 "Contém". Nessa e em outras passagens, aceito o modelo implícito de um continente em que é necessário usar termos como objetos "internos" e "externos". Emprego esse modelo com relutância, por pensar que seja mais apropriado ao pensar imaturo do que ao pensar científico maduro. A natureza desse trabalho, entretanto, e a falta de uma linguagem adequada para abordá-lo cientificamente obrigam o emprego de modelos que às vezes são conhecidos e, com maior frequência, suspeitos de ser inapropriados, mas inevitáveis porque não existe nenhum que seja melhor.

5 "Seio mau". Isso ilustra um dos problemas de metodologia com que estou tentando lidar, e essas páginas estão repletas de exemplos similares: entretanto, não vou assinalá-los, deixando que a bondade do leitor sane as falhas na exposição.

76 APRENDER DA EXPERIÊNCIA

a pré-concepção, tolerar a frustração intrínseca e, assim, estar no processo da função-alfa e da produção de elementos-alfa. Lido com o problema das pré-concepções em meu capítulo sobre hipóteses definitórias. Na prática da análise de pacientes com desordens de pensamento, o analista precisa, se possível, estabelecer um referencial metodológico para si mesmo, e esse é o ponto crucial da questão: ele precisa também tentar formar alguma ideia a respeito do que a criança pensa que um sentimento é. Pois, nos distúrbios de pensamento, é óbvio que algum problema desse tipo surgiu na vida da criança e não foi solucionado. A partir desse ponto, contudo, existe apenas uma pequena distância para o absurdo de atribuir à criança ideias, pensamentos, conceitos sobre o que o adulto chama de "sentimento" dignos de um Kant. Talvez a resposta seja que só um Kant tem tais problemas e pode solucioná-los. Aqueles que não são Kant (a) não têm esses problemas, ou (b) têm esses problemas e desenvolvem distúrbios de pensamento.][6]

Uma criança capaz de tolerar frustração pode se permitir ter um sentido de realidade, ser dominada pelo princípio da realidade. Se sua intolerância à frustração ultrapassa certo grau, mecanismos onipotentes passam a operar, especialmente a identificação projetiva. Essa ainda poderia ser considerada realística, pois sugere consciência do valor de uma capacidade para pensar como um meio de atenuar a frustração na dominância do princípio da realidade. Mas, para ser eficiente, ela depende da existência da capacidade de *rêverie* da mãe. Se a mãe falha, então a capacidade da criança de tolerar a frustração recebe uma sobrecarga adicional, pois agora o que está sendo testado é sua capacidade de tolerar a frustração do próprio pensamento. Estou supondo aqui que a

---

6 Esse parágrafo foi originalmente publicado como a segunda parte da nota de fim que é agora a nota de rodapé n. 4 deste capítulo [N. do editor inglês das *Obras completas*].

identificação projetiva é uma forma precoce daquilo que posteriormente se chama de capacidade para pensar. Uma criança dotada por uma acentuada capacidade para tolerar frustração pode sobreviver à provação de uma mãe incapaz de *rêverie* e, portanto, incapaz de suprir suas necessidades mentais. No outro extremo, uma criança acentuadamente incapaz de tolerar frustração não pode sobreviver sem colapso nem mesmo à experiência de identificação projetiva com uma mãe capaz de *rêverie*; só lhe serviria um seio que a alimentasse incessantemente, e isso não é possível, quanto mais não seja por falta de apetite, na falta de outros motivos. Aproximamo-nos, assim, de uma vida mental que não foi mapeada pelas teorias elaboradas para a compreensão das neuroses. Não pretendo prosseguir com essa investigação agora, exceto na medida em que diz respeito à função-alfa.

13

1. Para usar a função-alfa de modo efetivo é preciso ser capaz de considerá-la uma constante, uma vez que ela possui a natureza de uma incógnita. A função-alfa é flexível e sua flexibilidade deriva do uso de variáveis como fatores que podem ser substituídos por teorias e conceitos de valor fixo, como expliquei anteriormente. Os valores conferidos às variáveis (os fatores) precisam ser genuinamente constantes, de modo que, quando se fixa o seu valor, o significado da função-alfa também é fixado. Na prática, mesmo uma precisão aproximada só é possível na acepção de que o fator deve ser descrito com clareza, ou, em se tratando de uma teoria, corretamente citado.[1]

2. Exemplificando uma tentativa de fazer uma formulação precisa, tomo a função-alfa e dois fatores: identificação projetiva

---

1 Lida-se com o significado disso na prática quando se discute a antologia de teorias. Pode-se adquirir alguma ideia da magnitude do problema por um estudo do artigo de J. O. Wisdom denominado "A methodological approach to the problem of hysteria" (apresentado à Sociedade Holandesa de Psicanálise, em Amsterdã, em 16 de dezembro de 1957).

excessiva e excesso de objetos maus. Suponhamos que no curso da análise esses dois fatores se sobressaiam, a ponto de excluírem outros fatores que o analista tenha observado. Se a teoria psicanalítica fosse organizada racionalmente, seria possível referir-se a esses dois fatores por símbolos que fossem parte de um sistema de referência aplicável de modo uniforme e universal. A referência à teoria kleiniana de identificação projetiva seria feita por meio de iniciais e pela referência a uma página e um parágrafo. De modo semelhante, a visão de Freud sobre o conceito de atenção seria substituída por uma referência. Mesmo hoje é possível fazê-lo, ainda que de modo um tanto desajeitado, por referência à página e à linha de uma edição padronizada. Um enunciado desse tipo poderia se prestar à mera manipulação de símbolos, mais ou menos engenhosa, de acordo com regras aparentemente arbitrárias. Desde que o analista preserve uma noção do pano de fundo factual ao qual tal formulação se refere, existem vantagens nesse exercício de precisão e rigor de pensamento, exigido por uma tentativa de concentrar a experiência clínica realmente ocorrida de modo que ela possa ser expressa em tal notação abstrata. Além disso, a partir de uma inspeção de suas formalizações, o analista pode ver quais são as teorias que usa e quais negligencia. A partir da evidência do que ele negligenciou, poderia deduzir ou que seu arsenal psicanalítico está empobrecendo, ou que, em sua experiência, determinadas teorias psicanalíticas não resistem bem ao teste de utilidade clínica. Em ambos os casos, esse seria um *insight* valioso. A fórmula fornece um sumário taquigráfico das sessões durante determinado período. Seria possível ver quais são os vínculos que um sumário tem com o outro; daí, referenciando-os aos sistemas dedutivos teóricos nos quais tais fatores aparecem como hipóteses ou premissas, seria possível predizer que situações analíticas poderiam evolver. Em uma análise específica, a função-alfa pode ser a pré-ocupação mais importante do analista, mas isso não quer dizer que vai continuar sendo, ou que terá o mesmo valor nas próximas semanas. Em um próximo grupo de sessões, pode ficar claro que uma crença de que existe um objeto mau está sendo expressa pela depreciação invejosa de um objeto bom. Nesse caso, a formulação refletirá a mudança de fatores. Na semana seguinte, a função-alfa pode não ter mais importância central; outros fatores e alguma outra função podem ter ocupado esse lugar. O princípio de aplicar a teoria das funções permanece o mesmo, qualquer que seja a função ou quaisquer que sejam os fatores dessa função.

3. O analista, como método de tornar algo claro para si mesmo, precisa ter seu próprio catálogo de teorias psicanalíticas que usa pessoalmente e com frequência, junto com números de páginas e parágrafos que certifiquem sua identificação.

4. É necessário aliar a capacidade de recordar o que o paciente disse a uma capacidade de esquecer, de modo que o fato de que cada sessão é uma nova sessão e, portanto, uma situação desconhecida, a ser investigada psicanaliticamente, não seja obscurecido por um já abarrotado fundo de pré-concepções e concepções errôneas. Mesmo assim, o analista necessita de todo o conhecimento que possa reunir a respeito do paciente e das descobertas e do trabalho de seus predecessores no campo. Isso reforça a necessidade de uma estrutura firme, um arcabouço teórico de psicanálise que também possa ser flexível ao ser posto em ação. Se o rigor da estrutura teórica for enfraquecido por distanciamentos da teoria, fica mais fácil detectar esses desvios. Por exemplo, se o autor se refere à transferência por meio de uma citação específica, podemos ver que ele postula usar o termo com significados já estabelecidos. Caso o autor diga que a ansiedade consciente a respeito do analista é um fator na transferência, ficará patente que o fenômeno que ele tem em mente não é o mesmo que Freud descreveu no trecho a que o autor se referiu. A flexibilidade é conferida ao se trabalhar com

82 APRENDER DA EXPERIÊNCIA

funções que são variáveis cujo valor só fica constante quando, para as variáveis das quais ela é função, há fatores substitutos que são constantes. No presente, o que mais se aproxima de uma constante em psicanálise é a menção a uma página e uma linha referentes à teoria que está sendo empregada como um fator.

5. Não preciso me ocupar aqui da deterioração do equipamento teórico e analítico do analista; basta dizer que um método de formulação ajudaria a torná-la manifesta, permitindo que o analista tome as providências que considerar necessárias. A diminuição do uso de uma teoria psicanalítica poderia mostrar que ela não está sobrevivendo ao teste da prática analítica.

6. Um registro de sessões que mostre de modo sucinto o progresso da análise pela representação das teorias empregadas serviria, assim, a uma finalidade que seria mais que um auxílio à memória do analista. Seu valor como um registro de trabalho feito e, indiretamente, do método de trabalho do analista, seria grande, mas o problema central diz respeito à necessidade de um sistema de notação que seja útil tanto para registrar problemas analíticos como para lidar com eles.

7. O sistema de notação deve possibilitar que o analista produza um registro que ele mesmo possa entender, decorrido um lapso de tempo, e que possa ser comunicado a outros sem perda grande de significado. Por mais difícil que seja satisfazer essa ambição, sua conquista não bastaria. Para o desenvolvimento da psicanálise é necessário encontrar uma notação que registre o trabalho psicanalítico, do mesmo modo que a notação matemática registra fatos, mas, assim como a notação matemática registra fatos e também fornece um meio para cálculo, também a notação psicanalítica ideal precisa prover um modo de tratar do problema que a notação habilitou o analista a registrar.

14

1. A função-alfa desempenha um papel central ao transformar uma experiência emocional em elementos-alfa porque um senso de realidade é tão importante para o indivíduo quanto o alimento, a água, o ar e excretar dejetos. Comer, beber e respirar inadequadamente tem consequências desastrosas para a própria vida. Não se conseguir usar a experiência emocional produz um desastre comparável para o desenvolvimento da personalidade; incluo entre esses desastres certos graus de deterioração psicótica que poderiam ser descritos como morte da personalidade. Como sempre, o uso de um modelo, como o modelo do sistema digestivo que estou usando aqui, está sujeito aos riscos que discuto adiante (Capítulo 25). Para moderar esses riscos e tornar científica uma discussão, precisa-se de uma notação que represente a experiência emocional. Caso um analista construa, para si mesmo, uma antologia de teorias psicanalíticas operantes, alicerçada em poucas e boas teorias básicas, bem compreendidas e capazes, tanto individualmente como em conjunto, de abarcar a grande maioria das situações que ele poderia encontrar, isso poderia ajudar na criação

84 APRENDER DA EXPERIÊNCIA

de um sistema de notação. O que segue é um esboço que considerei útil para indicar as linhas ao longo das quais é possível progredir.

2. Se o critério for emoção básica, sentimentos que conhecemos pelos nomes de "amor" e "ódio" parecem escolhas óbvias. Inveja e gratidão, depressão, culpa, ansiedade, todas ocupam um lugar importante na teoria psicanalítica e pareceriam, junto com sexo, as escolhas para colocar ao lado de amor e ódio. De fato, prefiro três fatores que vejo como intrínsecos ao vínculo entre objetos que consideramos estar relacionados entre si. Não se pode conceber uma experiência emocional isolada de um relacionamento. Os três relacionamentos básicos que postulo são: (1) X ama Y; (2) X odeia Y; (3) X conhece Y. Esses vínculos serão expressos pelos sinais L, H e K. Que realização pode existir que corresponda a esses vínculos abstratos, L, H e K? Suponha uma situação imaginária, de um tipo familiar a um analista; o paciente Smith fala livremente e é cooperativo e cordial. No decorrer de suas associações, menciona conhecer um certo psicoterapeuta, Jones, que é um homem muito estúpido e não sabe praticamente nada sobre psicanálise. O paciente o conhece bem e diz ter boas razões para não gostar de Jones. Certa vez ele tratou um de seus amigos, o sr. May, com resultados revoltantes. O casamento de seu amigo, que sempre havia sido harmonioso até ele iniciar o tratamento... etc. Obviamente, essa é uma comunicação complexa. Existe um vínculo entre o paciente e o analista; existem vários vínculos entre o paciente e o psicoterapeuta, entre o paciente e seu amigo, entre o paciente e o analista de seu amigo. Para o vínculo entre o paciente e o analista, existe evidência direta. Com relação ao relato do paciente a respeito dos outros vínculos, a evidência é principalmente indireta, embora a evidência direta fornecida pela sessão possa ser usada, caso se queira, para complementar as próprias formulações do paciente. O paciente diz conhecer Jones. Deve-se registrar isso como "Smith K Jones"?

Ele diz que não gosta de Jones. Poderia ser "Smith H Jones"? O paciente diz "seu amigo", o sr. May. Isso seria, então, "Smith L May"? Ou existe na análise algum material prévio, algum jeito ou entonação que sugira um vínculo, "Smith L a sra. May"? Mas talvez exista algum material sugestivo de uma relação homossexual entre Smith e o sr. May? As questões estimuladas por um episódio imaginário são infindáveis, assim como são ilimitadas as respostas para cada questão. No entanto, dificilmente é menos verdadeiro dizer o mesmo sobre uma sessão real. Contudo, a interpretação que o analista faz das evidências diretas da natureza da transferência vai depender das respostas às perguntas que ele começa a entreter. Uma vez que a situação analítica é complexa, pode parecer que não há nenhum mérito em registrá-la por um desses três simples sinais. Admitindo que o sinal serve para expressar apenas uma parte da experiência emocional, o vínculo, será que o episódio imaginário não mostra que qualquer dos sinais L, H e K esconde um vínculo complexo, que pode ter infindáveis variedades, sob um sinal de enganosa simplicidade? Ou que eles definem um vínculo com um grau de rigidez que faz de suas aplicações a uma situação analítica real uma falsificação irremediável?

3. Não há nenhuma razão para qualquer uma dessas alternativas ser verdadeira; os sinais podem ser relacionados ao fato de um modo tal que os livre de se tornarem símbolos sem significado e, ao mesmo tempo, podem ser suficientemente abstratos para garantir que, de modo geral, e não meramente acidental, sejam aplicáveis a situações emocionais reais.

4. O analista deve se permitir apreciar a complexidade da experiência emocional que precisa esclarecer e, ainda, restringir sua escolha a esses três vínculos. Ele decide quais são os objetos vinculados e qual dos três vínculos representa com mais precisão a ligação real entre eles.

Se o paciente é cordial, o vínculo pode ser representado por L. Essa não é uma representação adequada, porque é necessário registrar o estado da transferência. Evito o problema de dizer o que entendo por isso ao registrar a transferência de acordo com o sistema que sugeri anteriormente (Capítulo 13, item 6).

Veremos que o uso de HKL para forçar o analista a estabelecer a "chave" da sessão não é igual a usá-los para registrar uma experiência emocional; quer dizer, é um uso que fornece um relato incompleto daquilo que se sabe ter ocorrido. Mas introduz um elemento que deve ser uma parte absolutamente essencial de qualquer sistema de registro, para que esse sistema seja considerado satisfatório, a saber, a ferramenta de trabalho. Sintetizar um episódio emocional como K é produzir um registro imperfeito, mas um bom ponto de partida para a meditação especulativa do analista. Nesse aspecto, o sistema que esbocei, embora tosco e ingênuo, possui os rudimentos essenciais de um sistema de notação – registro de fato e ferramenta de trabalho.

15

1. A finalidade de escolher entre L, H ou K é fazer a formulação que melhor corresponda àquilo que o analista acredita ser verdadeiro. Não precisa ser uma formulação que represente de modo acurado uma realização da qual ela é a contraparte; a formulação deve parecer para o analista um reflexo verdadeiro de seus sentimentos, uma formulação em que ele possa confiar para um objetivo especialmente importante, a saber, o de funcionar com um padrão de referência para todas as outras formulações que se proponha a fazer. Caso o analista escolha L, então L expressa uma qualidade à qual ele compara outras qualidades. L também expressa quantidade, e por meio dela o analista irá medir todas as outras quantidades que expressa. Isto é, se ele entende por L que os dois objetos estão ligados por fortes sentimentos de amor, então ele não usará K para uma ligação casual, como aquela que poderia ser expressa por um impaciente "Sim, eu conheço". A escolha de L ou H ou K não é determinada por uma necessidade de representar fatos, mas pela necessidade de fornecer uma chave para o valor de outros elementos que estão combinados na afirmação formal. Em psicanálise, quando uma formulação depende de outras formulações para o estabelecimento de seu valor, a necessidade de reconhecer uma formulação-chave desse tipo fica premente. É preciso esclarecer que o analista está baseando os valores de todos os elementos de sua formulação nessa única formulação. Teoricamente, não vejo razão para ele não escolher o elemento que quiser para esse objetivo, mas, na prática, há muito a se dizer em prol da escolha de um elemento cuja importância deriva de outros aspectos de sua posição na formulação total. Obviamente, um elemento que já possui tal importância tem mais probabilidade de dar conta da tarefa que deve desempenhar do que algum que não a tenha. O vínculo L, H ou K é exatamente um elemento assim. Quando o analista escolhe o sinal, este deve lhe parecer certo e, é lógico, ele deve mantê-lo constante. Se, em referência a ele, outros elementos parecem tornar a formulação autocontraditória, os outros elementos e relações precisam ser reajustados, deixando L, H ou K inalterados, a menos que fique claro que a escolha da formulação foi errada ou que o analisando mudou; nesse caso, o enunciado inteiro precisará ser abandonado, e a escolha, retomada do início. Será visto que atribuo grande importância à escolha de L, H ou K; que prefiro escolher o sinal que representa o vínculo considerando o elemento que melhor dá conta da tarefa que desejo que ele desempenhe, mas não tenho a menor dificuldade de conceber que haja bons motivos para um analista preferir basear sua formulação "verdadeira" em outros elementos. Penso que a escolha não apresenta maiores dificuldades para um analista praticante e experiente.

2. A decisão entre L, H ou K tem que ser feita de tal modo que o analista *sinta* ter estabelecido um ponto de referência. Ao fazê-lo, atenua-se o perigo de produzir um sistema de abstrações, desprovido de pano de fundo e sujeito apenas à manipulação engenhosa e arbitrária.

16

O vínculo K

1. Vou ignorar L e H e discutir K pela importância que tem para o analista e por esse ser o vínculo relevante para o aprender pela experiência. No decorrer dessa discussão, espero também abordar outros pontos relevantes à vinculação, e com os quais até o momento não fui capaz de lidar. Meu primeiro ponto é que L ou H podem ser relevantes para K, mas nenhum deles, por si só, conduz a K; x K y, o analista K o analisando, eu K Smith, são enunciados que representam uma experiência emocional. Como L e H, K representa um vínculo ativo, sugerindo por isso que se x K y, então x faz algo a y. K representa um relacionamento psicanalítico. Do modo como proponho usá-lo, K não veicula um senso de finalidade, isto é, um significado de que x está de posse de um fragmento de conhecimento chamado y, mas sim que x encontra-se no estado de conhecer y e y está no estado de ser conhecido por x. A formulação x K y, significando que x tem um pedaço de conhecimento chamado y, cai na categoria de um relacionamento entre a pessoa que

90 APRENDER DA EXPERIÊNCIA

faz a formulação e a pessoa para quem o enunciado é feito, e um relacionamento com x e y sobre quem ele é feito.

2. Quando o enunciado significa que x está se ocupando de conhecer a verdade a respeito de y, ele corresponde a formulações sobre relacionamentos que podem ser esclarecidas por uma perspectiva científica. As técnicas empregadas por aqueles que mantêm uma perspectiva científica têm tido mais êxito quando y é um objeto inanimado. É mais fácil manter a convicção de que uma perspectiva científica prevalece no relacionamento x K y se y é inanimado e caso se possa fazer com que x pareça se aproximar do inanimado, por exemplo, x opera uma máquina. Sente-se que o valor verdade é inerente ao registro apresentado por um quimógrafo ou uma gravação da voz humana, o que não se sente no caso do relato de um julgamento humano. A ingenuidade dessa visão fica exposta em algumas ocasiões; por exemplo, quando se acredita que um registro fotográfico não consegue produzir a evidência disponível à observação direta.

3. Dúvidas a respeito da capacidade humana de vir a conhecer qualquer coisa são subjacentes às investigações do filósofo da ciência; atualmente, essas dúvidas brotam de uma inescapável percepção de que na situação representada por esses termos abstratos, x K y é idêntico a x L y ou x H y, naquilo que tange ao fato de existir intrinsecamente em todas as situações um elemento animado. Equivale a dizer que quando se desaloja o elemento vivo pela introdução de um maquinário inanimado L, H ou K deixam de existir. A psicanálise aumentou a importância do problema associado ao filósofo da ciência, e isso por duas séries de razões: quando x adentra em uma investigação a respeito de y, relacionada à capacidade de y de contato com a realidade, x tem a força e também a fragilidade de que sempre se suspeitou e que foi revelada de forma detalhada. Não me proponho a dispender tempo com os problemas filosóficos envolvidos, pois foram tratados por Kant, Hume e seus sucessores. Desejo enfatizar que tudo o que se disse sobre os problemas do conhecimento se aplica com força especial à psicanálise, e que a psicanálise se aplica com força especial a esses problemas.

4. A questão "Como x pode conhecer alguma coisa?" expressa um sentimento que parece doloroso e inerente à expressão emocional que represento por x K y. Uma experiência emocional sentida como dolorosa pode iniciar uma tentativa de se evadir ou de modificar a dor, de acordo com a capacidade da personalidade de tolerar a frustração. Evasão ou modificação, de acordo com a visão expressa por Freud em seu artigo "Formulações sobre os dois princípios do funcionamento mental" (1911), visam remover a dor. A relação x K y é utilizada para tentar a modificação, conduzindo a um relacionamento em que x é possuidor de uma parte de conhecimento chamada y – o significado de x K y que repudio no início deste capítulo. Por outro lado, a tentativa de evasão é feita pela substituição do significado "x é possuidor de uma parte de conhecimento chamada y", de tal modo que x K y não representa mais a experiência emocional dolorosa, mas a experiência que se supõe indolor.

5. Tal manobra tem a intenção de negar a realidade, e não de afirmá-la; não de representar uma experiência emocional, mas de representá-la distorcidamente, ao fazer com que pareça ser mais uma satisfação do que uma luta por satisfação. A diferença entre a meta da mentira e a meta da verdade pode, assim, ser expressa como uma mudança de sentido em x K y e estar relacionada com intolerância à dor associada a sentimentos de frustração. O problema de traduzir "conhecimento" privado para "conhecimento" público é o mesmo tanto para representar uma experiência emocional como para representá-la de forma distorcida. Na psicanálise de certos pacientes, temos de nos ocupar com o seu fracasso

de representar erroneamente experiências emocionais até para si mesmos; é possível ampliar a compreensão do insano se considerarmos o seu fracasso em substituir uma representação distorcida dos fatos pela representação que corresponde à realidade e que, portanto, a ilumina. É provável que o motivo seja explicado pelo enunciado de Freud: "abandona-se a alucinação apenas em consequência da falta de gratificação esperada". Será necessário abordar o problema como que com duas metas distintas, uma relativa a conhecer uma pessoa ou coisa, ou seja, K, e a outra relativa à evasão de K e da experiência emocional que ele representa. O procedimento que proponho, como parte de K para o objetivo de conhecer "x K y" e o que isso representa, envolve, portanto, identificação com a pessoa que vem para a análise. Também envolve abstração em relação à realização, para produzir uma formulação que represente a realização e que possa, portanto, corresponder a realizações desconhecidas até o momento e, assim, representá-las.

17

1. Na atividade **K** em que estou engajado – a de conhecer –, tenho de estar consciente de minha experiência emocional e apto a abstrair dela uma formulação que representará essa experiência de modo adequado. Essa abstração gera confiança se vem, então, a representar outras experiências que eram desconhecidas quando se fez a abstração. O senso de confiança é semelhante ao produzido quando uma crença parece ter o apoio do senso comum. A confiança é concomitante a saber que há uma correlação entre os sentidos (ver item 3 deste capítulo e item 1 do Capítulo 18) ou que mais de uma pessoa em um grupo entretém o que parece ser o mesmo enunciado da mesma representação de uma experiência emocional. A confiança em uma representação está associada a uma crença de (1) que o senso comum sustenta a representação e (2) que ela não só representa a experiência emocional da qual foi abstraída, mas representa também outras realizações que não eram conhecidas quando a abstração foi alcançada. Assim, a própria formalização abstrata que usa os sinais L, H e K para avaliar uma experiência emocional pode ser avaliada quando vemos que serve como uma representação abstrata de outra experiência emocional.

2. Então, a abstração pode ser vista como uma etapa na publicação que facilita a correlação por comparação da representação que foi abstraída com algumas realizações diferentes, nenhuma das quais é a realização a partir da qual a representação foi originalmente abstraída. A concretização, em contraste, pode ser vista como uma forma de publicação que facilita a correlação pelo senso comum; ou seja, por afirmar alguma coisa tal de modo que ela seja reconhecida como um objeto de um sentido que também pode ser testado como um objeto de outro sentido. O critério para o enunciado deve ser o seu valor de facilitar o teste por mais de um sentido ou pelos sentidos de mais de uma pessoa. (Em astronomia, consegue-se fazer correlações, embora só o sentido da visão e seus respectivos dados estejam disponíveis, pois o indivíduo que fez a descoberta foi capaz de converter sua experiência privada em uma experiência pública para ser testada por outros observadores, contemporânea ou postumamente. A fragilidade inerente à incapacidade de empregar a evidência de mais de um sentido foi compensada pela capacidade de abstrair um enunciado de uma experiência emocional original com tal rigor que foi possível procurar, encontrar ou reconhecer acidentalmente realizações da representação muitos anos depois. Kepler confirmou, centenas de anos depois, a intuição de Aristarco a respeito do heliocentrismo.) Ainda não se dispõe de formulações matemáticas para psicanalistas, embora haja possibilidades sugestivas.

3. As razões para se fazer um enunciado abstrato são as seguintes: (1) o analista é impelido a formular suas hipóteses básicas; (2) o analista é capaz de detectar, a partir do registro que tais abstrações disponibilizam, qualquer tendência de que o arsenal teórico em que se baseia esteja se esvaziando; (3) o analista é preservado de perder de vista a origem de seu equipamento teórico na história de sua disciplina científica; (4) os analistas praticantes ficarão aptos a ver, com mais facilidade, que certas teorias, até então vistas como estabelecidas, tornaram-se de fato redundantes ou desacreditadas pelo próprio teste da experiência; (5) torna-se possível correlacionar o enunciado abstrato com realizações das quais o enunciado *não* derivou; (6) o enunciado abstrato ajuda a estabelecer um padrão de referência possível para todos os outros enunciados. Veremos exemplos nas páginas seguintes.

Lancei mão conscientemente de um processo de abstração que é essencial à experiência emocional x K y. Não se trata de um procedimento fortuito que possa ser descartado à vontade.

4. Uma vez que demos prioridade ao vínculo e concordamos em limitar sua representação aos três sinais L, H e K, é possível abordar o problema de representação considerando quais seriam as etapas necessárias para estabelecer um método bem-sucedido de representações *distorcidas*. Já que o processo de abstração não é fortuito e nem pode ser descartado à vontade, o indivíduo tem de realizar etapas positivas para conseguir o estado de mente em que a capacidade de abstrair foi destruída, como vemos em alguns psicóticos. Por exemplo, o valor da palavra cachorro, que não se refere a um animal específico, mas a uma classe, como método para se conseguir abstração e generalização, é destruído, de tal forma que a palavra não pode mais ser usada como o nome de uma coisa, mas é a coisa-em-si; "palavras são coisas". Em um sistema formalizado, concebido para representar o vínculo K, é necessário introduzir elementos que vão representar a distorção da representação. Isso pode ser feito de modo bastante simples, emprestando da geometria algébrica o procedimento pelo qual uma troca de sinal, digamos, para uma linha AB, representa uma mudança no sentido da linha. K representa o vínculo que sugeri: −K representa o vínculo constituído por NÃO entender, ou seja, mal-entender.[1]

---

1 No original, *misunderstand* [N.T.].

96 APRENDER DA EXPERIÊNCIA

As implicações disso podem ser captadas melhor se notarmos que –L não é o mesmo que H, e que –H não é o mesmo que L.

5. Por enquanto, é necessário representar fatores por meio de uma referência à página e à linha daquela parte da literatura que dá a melhor definição do fator ao qual estamos nos referindo. A busca de sinais para representar fatores, seguindo assim o procedimento que adotei com L, H e K, é prematura, pois a substituição de um termo comumente aceito por um sinal produz um sistema formalizado tão divorciado de seu pano de fundo que ele fica destituído de significado, ao passo que, quando se mantém um sistema de referência por páginas e linhas, nunca se perde totalmente de vista o pano de fundo de realização de que derivam as teorias. A formalização e a abstração, por sua vez, têm o efeito, mediante a remoção do concreto e do particular, de eliminar aspectos que obscurecem a importância do relacionamento de um elemento com outro. O emprego de termos específicos, notáveis pela sua concretude, conquanto retenham o pano de fundo do qual foram derivados, obscurece o fato de que termos concretos são variáveis cujo valor depende do contexto no qual são colocados. Isso significa que o essencial é encontrar um conjunto de sinais que representem adequadamente uma realização e que também possibilitem mostrar o relacionamento de um sinal com outro – seu contexto.

18

1. No trabalho que fiz aqui (atividade K), recorri à abstração, em contraste com aquele processo inverso de concretização por meio do qual as palavras deixam de ser sinais abstratos e se tornam coisas-em-si. Abstração e formalização são essenciais para demonstrar um relacionamento.

2. O problema não é meramente o uso de palavras já investidas com uma penumbra de associações para descrever uma situação sem precedentes; o problema é que essa penumbra de associações foi adquirida na busca de estabelecer uma relação mental com objetos concretos. No desenvolvimento do indivíduo, essa busca exige muito menos do que a tentativa de estabelecer um relacionamento mental com uma personalidade, seja a do indivíduo consigo mesmo ou dele com outra pessoa. Os sentidos apresentam à personalidade um material que precisa ser trabalhado para produzir aquilo que Freud denominou "percepção consciente conectada a eles", isto é, aos dados sensoriais. Mas é difícil acreditar que dados sensoriais, conforme os entendemos ordinariamente, possam trazer muito material de valor quando o objeto dos sentidos é uma

98 APRENDER DA EXPERIÊNCIA

experiência emocional de uma personalidade (a quem quer que ela pertença). Em estados de medo ou raiva, os sentidos podem conseguir contribuir com dados relativos a batimentos cardíacos e eventos similares que, no nosso modo de ver, são periféricos a um estado emocional. Mas não há dados sensoriais diretamente relacionados à qualidade psíquica como os que existem e são diretamente relacionados a objetos concretos. Portanto, sintomas hipocondríacos podem ser sinais de uma tentativa de estabelecer contato com a qualidade psíquica, substituindo os dados sensoriais de qualidade psíquica que estão ausentes por sensações físicas. Parece possível que tenha sido em resposta à percepção dessa dificuldade que Freud se dispôs a postular a consciência como o órgão do sentido para a qualidade psíquica. Não tenho nenhuma dúvida de que é necessário algo na personalidade para fazer contato com a qualidade psíquica.

3. A teoria da consciência como órgão sensorial da qualidade psíquica é insatisfatória para personalidades que parecem incapacitadas para sonhar de verdade, o psicótico *borderline* e as partes psicóticas da personalidade; pelos padrões da prática clínica, ficam aparentes contradições que são resolvidas quando os problemas são abordados por uma teoria diferente. A fragilidade dessa teoria da consciência fica manifesta na situação para a qual propus a teoria de que a função-alfa, por meio da proliferação de elementos-alfa, produz a barreira de contato – uma entidade que separa elementos de tal forma que os que estão de um lado são conscientes e formam o consciente, e aqueles do outro lado são inconscientes e formam o inconsciente. A teoria da consciência é frágil, mas não falsa, pois quando a modificamos, ela postula que o consciente e o inconsciente, assim produzidos constantemente, funcionam de fato em conjunto, como se fossem binoculares, portanto, capacitados para correlação e autoconsideração. Em função da maneira como se origina, ela impede o registro imparcial da qualidade

psíquica do *self*: a "vista" de uma parte pela outra é, de certa forma, "monocular". Por essas razões e também por outras, originárias da experiência clínica de psicanálise com aquela classe de pacientes nos quais se destaca a parte psicótica da personalidade, acho insatisfatória a teoria dos processos primários e secundários. Tal teoria é frágil na necessidade de postular dois sistemas para aquele ponto em que, em minha teoria de uma função-alfa, uma experiência emocional é transformada em elementos-alfa,[1] tornando possíveis o pensamento onírico, o pensamento inconsciente de vigília e o armazenamento na mente (memória). Atribuo à falha da função-alfa o aparecimento de elementos-beta e seus concomitantes próximos, os objetos bizarros, e os sérios distúrbios comumente associados à intrusão excessiva de elementos psicóticos da personalidade.

---

1 É importante distinguir a natureza das duas teorias. A teoria da função-alfa é introduzida para possibilitar que o analista trabalhe sem propor prematuramente uma nova teoria; a teoria da consciência de Freud como um órgão sensorial para a qualidade psíquica é uma parte da teoria psicanalítica reconhecida. Ver Capítulo 12.

19

1. Atribuir um valor ao termo função-alfa é uma tarefa para a psicanálise e não pode ser realizada de nenhum outro modo. Seu *status*, como discuto aqui, é o de uma variável desconhecida, a ser utilizada para satisfazer a necessidade de um sistema de abstração adequado aos requisitos da psicanálise. Esse e outros problemas afins são objetos da investigação; também são os instrumentos por meio dos quais se conduz a investigação.[1] É necessário diferenciar

---

1 O processo que o analista está ativando nos casos em que investiga perturbações do pensamento, destinado a investigar o mesmo processo no paciente. Aquilo que psicanalistas denominam *phantasias* são, pelo menos em alguns casos, os sobreviventes atuais daquilo que já foram modelos que o paciente formou para cotejar com as suas experiências emocionais. Nesse aspecto, o mito de Édipo é o sobrevivente de um modelo destinado a cotejar com uma experiência emocional infantil. Se o caso exibe uma perturbação de pensamento, descobriremos que esse modelo nunca foi formado de forma apropriada. Como resultado, a situação edipiana aparecerá como inexistente ou imperfeitamente desenvolvida. A análise desse tipo de paciente revelará tentativas – caso a análise esteja progredindo – de formular tal modelo. Ver também Frege (1952), *Grundgesetze*, p. 154, em que ele discute o conceito que é, por assim dizer, insaturado.

102   APRENDER DA EXPERIÊNCIA

o conceito de função-alfa da realização que sentimos estar sufi-cientemente próxima da teoria na qual empregamos esse conceito, para garantir a propriedade do termo função-alfa como um nome, mesmo que temporário, para a realização.

2. Para finalidades de investigação analítica, deve-se supor que a gênese de toda abstração é um fator na função-alfa. Tal hipótese é compatível com a associação do colapso da função-alfa com a predominância de elementos-beta, notáveis por sua concretude, a ponto de alguns pacientes considerarem palavras como coisas-em--si, e não como nomes de coisas. A hipótese precisa ser comparada com as experiências emocionais que são parte do problema clínico de estabelecer um valor para a própria função-alfa. Em primei-ro lugar, precisamos saber qual é a contraparte de uma impressão sensorial na relação de uma pessoa com uma experiência emocio-nal. Os órgãos dos sentidos, a consciência pertencente a eles e suas realizações derivam da experiência sensorial de objetos concre-tos. O que lida com as contrapartes de uma impressão sensorial de uma experiência emocional? Como então essas contrapartes de uma impressão sensorial são transformadas em elementos-alfa? É útil postular[2] que as impressões sensoriais de uma experiên-cia emocional são análogas às impressões sensoriais de objetos

---

2   A postulação de tais objetos fica aberta à objeção feita por Frege (1884) à pos-tulação de *objetos lógicos* (*Grundlagen der Arithmetik,* pp. 55 e 56). O psica-nalista deve confiar que a experiência emocional da análise revele elementos que ele considere fatores da função-alfa. Se ele pensa que alguns desses fato-res merecem ser descritos como análogos de impressões sensoriais de objetos concretos, terá chegado o momento de formular as hipóteses definitórias apro-priadas ou de lhes atribuir termos já existentes para serem os nomes dessas hi-póteses definitórias. Portanto, o analista fica na posição de alguém que, graças ao poder da percepção "binocular" e da consequente correlação conferida pela posse de uma capacidade de pensamento consciente e inconsciente, é capaz de formar modelos e abstrações que servem para elucidar a incapacidade do pa-ciente de fazer o mesmo. Uma descrição mais detalhada disso pertence a uma

concretos. Se houver tais impressões, será necessário considerar se os elementos-alfa resultantes da transformação de impressões sensoriais de uma experiência emocional pela função-alfa diferem dos elementos-alfa resultantes da transformação de dados sensoriais de um objeto concreto pela função-alfa, e, se for esse o caso, qual seria essa diferença. Freud sugeriu o aparelho do arco reflexo como modelo para os processos primários e secundários; a aplicação da teoria das funções requer que o modelo seja formado primeiro para, então, ser inspecionado a fim de se verificar se pode ser representado pela abstração teórica que chamei de um vínculo, e se pode representar (e, em caso afirmativo, como) a realização que estimulou a produção do modelo. A função-alfa representa algo que existe quando certos fatores operam em consórcio. Assume-se que existem fatores que operam em tal consórcio, ou, alternativamente, que se existe alguma razão para que eles não operem dessa forma (ou seja, se os fatores disponíveis não possuem função-alfa), então a personalidade é incapaz de produzir elementos-alfa e, portanto, incapaz de pensamentos oníricos, consciência ou inconsciência, repressão ou aprender da experiência. Essa falha é séria, pois além das sanções óbvias que decorrem de uma incapacidade de aprender da experiência, existe uma necessidade de estar ciente de uma experiência emocional, similar à necessidade de se estar ciente de objetos concretos que é alcançada por meio das impressões sensoriais, uma vez que a falta de tal consciência implica uma carência da verdade, e a verdade parece ser essencial à saúde psíquica. O efeito sobre a personalidade de tal carência é análogo ao efeito da inanição física sobre a constituição física.

3. O recurso à abstração e a seus produtos – a função-alfa e seus fatores –, capacitou-me a discutir incógnitas psicanalíticas.

---

descrição de psicanálise clínica em que não posso adentrar aqui, exceto na medida em que é contingente à ilustração do meu tema, qual seja, o problema de método do analista no aprender da experiência.

104 APRENDER DA EXPERIÊNCIA

Continuo pela concretização, ou seja, usando termos que se aproximam daqueles utilizados no nível dos dados empiricamente verificáveis, para especular sobre qual parte do aparato psíquico precoce foi aquela que se desviou para prover a aparelhagem necessária para o pensar. Freud, ao descrever que o pensamento fornece um método que se tornou necessário para restringir a descarga motora, diz, simplesmente, que essa aparelhagem se desenvolveu a partir da ideação. Em sua discussão a respeito da interpretação de sonhos, Freud ficou impressionado pelo valor do aparelho reflexo como um modelo para o aparelho psíquico envolvido no sonhar, e desenvolveu sua teoria dos sistemas primário e secundário à luz desse modelo.[3] Sugiro que o pensar é algo imposto a um aparelho, que não é adequado para tal objetivo, pelas demandas da realidade, e é contemporâneo à predominância do princípio de realidade, como disse Freud. À guisa de uma analogia moderna, as demandas da realidade não só impuseram a descoberta da psicanálise, mas levaram ao desvio da finalidade do pensamento verbal de sua função original de restringir a descarga motora para as tarefas de autoconhecimento, tarefas para as quais é inapropriado, de modo que, para atender a esse objetivo, o pensamento verbal tem de sofrer mudanças drásticas.

4. Será visto que ignoro a natureza da função-alfa e a deixo como uma abstração para ser usada como uma incógnita à qual se atribui um valor somente no decorrer de uma investigação analítica.[4] Portanto, estou me debatendo com um problema diferente daquele que Freud investigou em suas teorias de ideação e seu modelo do arco reflexo. Estou presumindo que havia um aparelho que teve, e ainda tem, que sofrer adaptações para as novas tarefas

---

3 S. Freud (1900), cap. VIIB.
4 Um processo semelhante àquele em que a pré-concepção pareia com a experiência de uma realização, estimulando a gênese de uma concepção.

envolvidas no encontro com as demandas da realidade, desenvolvendo para isso uma capacidade de pensar. O aparelho que teve de se submeter a essa adaptação é aquele que originalmente lidou com impressões sensoriais relacionadas ao trato alimentar.

Nesse sistema, até onde consigo inferir e até onde sou capaz de converter em palavras aquilo que deduzi, ocorre o seguinte: a criança está cônscia de um seio muito mau dentro de si, um seio que "não está lá" e que por não estar lá lhe dá sentimentos dolorosos. A criança sente "evacuar" esse objeto pelo sistema respiratório ou pelo processo de "engolir" um seio satisfatório. Esse seio que é engolido é indistinguível de um "pensamento", mas o "pensamento" é dependente da existência de um objeto que seja realmente colocado na boca. Em certas condições, dependentes de fatores da personalidade, o processo de sucção e as sensações concomitantes são equacionadas à evacuação do seio mau. O seio, a coisa-em-si, é indistinguível de uma ideia na mente. A ideia de um seio na mente é, reciprocamente, indistinguível da coisa-em-si na boca. Considerando no momento apenas essas duas situações – uma das quais é um seio real, indistinguível de uma experiência emocional que por sua vez é coisa-em-si e pensamento, mas em um estado indiferenciado, e a outra é o seio mau "má 'necessidade-de-um-seio'", que é igualmente um objeto composto de experiência emocional e coisa-em-si, ambas ainda indiferenciadas –, fica claro que chegamos a um objeto que lembra muito de perto um elemento-beta. A realização e a sua representação na mente ainda não foram diferenciadas. As características dessa condição podem ficar mais claras se eu evocar algumas de suas manifestações. Assim, uma criança que contém um seio mau "necessidade-de-um-seio" pode evacuá-lo ao sugar o seio. Obviamente, para isso é necessária uma relação topograficamente próxima a um seio real. A criança pode evacuá-lo pelo sistema respiratório; não é necessária nenhuma sensação táctil para isso. Ela pode evacuá-lo ao ver o seio real; para isso, é

106 APRENDER DA EXPERIÊNCIA

preciso que exista um seio real à vista, ou seja, em uma posição em que estar à vista é o mesmo que estar no olho da mente[5] e em que ambos são o mesmo que estar na boca. Quando todos esses eventos consistem em evacuações do seio mau "necessidade-de-um-seio", fica claro que se nenhum seio estiver efetivamente disponível, o "não seio" não apenas será sentido como mau em si mesmo, mas se tornará pior porque, de certa forma, torna-se evidência concreta de que a evacuação desse seio mau foi bem-sucedida. Essa situação corresponde àquela em que um "objeto bizarro", mais que um "elemento-beta", seria o termo descritivo correto para o objeto que a criança sente existir.

---

5 Em nossa opinião, Bion faz em toda essa sentença um jogo poético com a sonoridade das palavras e com a escansão das sílabas. No original, "*in sight*", à vista, tem a mesma sonoridade de "*insight*" e de "*in the mind's eye*", que significa concebido ou relembrado. Nessa passagem, portanto, ele descreve o pareamento de uma realização com uma concepção e a experiência emocional dessa conjugação [N.T.].

20

1. Quando a criança sente que a evacuação do seio mau resulta na presença externa desse seio, se a evacuação é alcançada, aparentemente pela sucção de um seio real, a sequência da evacuação é menos dolorosa do que quando a evacuação se dá por outros métodos, como o respiratório. Isso estimula a interação entre os princípios da realidade e do prazer-dor. Podemos acompanhar (1) o processo pelo qual a representação se diferencia de sua realização correspondente, o processo pelo qual a coisa-em-si torna-se distinta da ideia (Bradley, 1.148) ou (2) os efeitos da correspondência entre a alimentação e o pensar. O primeiro caminho leva diretamente à discussão da importância da abstração que, nesse contexto, pode ser considerada um aspecto da transformação de uma experiência emocional em elementos-alfa, por meio da função-alfa.

2. A teoria kleiniana de que a criança sente que evacuou seu objeto mau para dentro do seio, combinada com a teoria de que a satisfação de uma necessidade pode ser sentida como evacuação de uma necessidade (sendo a própria necessidade um seio mau – para empregar termos concretos – ou aquilo que chamei de elemento-beta – para empregar uma abstração), representa um sentimento da criança de que o seio, de fato, é um objeto que foi evacuado e, portanto, indistinguível de um elemento-beta. Agora, para a criança continuar a ser alimentada, algo precisa acontecer. Fica implícito, no processo que descrevi, que a situação não pode ser reconhecida como objetiva. Se existe um seio bom, um objeto doce, é porque ele foi evacuado, produzido; o mesmo ocorre com o seio mau, o seio necessitado, o seio amargo etc. Isso não pode ser visto nem como objetivo, tampouco como subjetivo. Desses objetos, doces, amargos, azedos, abstrai-se doçura, amargura, azedume. Uma vez abstraídos, podem ser reaplicados, e a abstração assim feita pode ser utilizada em situações nas quais uma realização, não a realização original da qual derivou a abstração, se aproxima dela. Por exemplo, uma experiência emocional é associada com o seio; nela, a criança sente existir um objeto com existência própria e do qual ela pode depender para satisfazer seus sentimentos de fome; assumindo que há uma capacidade para abstração, a criança pode sentir que da experiência total ela pode destacar um elemento, qual seja, a crença de que existe um objeto que pode satisfazer suas necessidades. O enunciado concreto pode ser: existe um seio do qual a criança pode depender para satisfazer sua fome de comida. A abstração desse enunciado poderia ser: existe um algo que pode dar, e efetivamente dá, à criança o que ela quer, quando ela quer.

3. Pode-se fazer um número quase incontável de enunciados para representar o que o bebê sente quando, na visão de um observador reputadamente imparcial, esse bebê está sendo amamentado ao seio. A partir dessa experiência emocional, do enunciado que a representa e de todos os outros enunciados que, de modo igualmente razoável, sentimos que poderiam representar a experiência, é possível abstrair uma série de outros enunciados. Já que se pode fazer um número enorme de enunciados, a sua importância para o procedimento científico, no que tange especialmente à passagem precedente, será discutida depois. Presumivelmente, a criança também "pode fazer uma quantidade de enunciados", e é da natureza desses "enunciados" que o analista finalmente tem de se ocupar. No primeiro nível os enunciados são específicos, derivados de um episódio real e concreto; as abstrações vão se afastando cada vez mais do concreto e específico, até que se perca de vista a sua origem. As abstrações assim produzidas podem então ser reaplicadas a uma realização, quando se encontra uma realização que parece se aproximar da abstração.

4. As situações que encontramos em análise são: (1) um paciente incapaz de abstração se esforça para existir com uma aparelhagem mental envolvida em introjetar e projetar elementos-beta; (2) um paciente capaz de abstração produz sistemas teóricos excessivamente distanciados do pano de fundo de realizações das quais tais sistemas foram abstraídos, mas prolifera esses sistemas de acordo com regras que tornam as abstrações consistentes entre si, qualquer que seja o sistema; (3) um paciente capaz de produzir abstrações prolifera sistemas que não parecem obedecer a um sistema determinável de regras. Embora a realização original seja desconhecida (nesse aspecto, parecendo com (2), descrito há pouco), e seja igualmente desconhecido o sistema de regras sob o qual se manipularam as abstrações, o paciente ainda pode encontrar realizações que se aproximam de seus enunciados abstratos; (4) um paciente capaz de abstrair e formular sistemas de acordo com regras que asseguram que o sistema não é incompatível consigo mesmo, mas incapaz de descobrir uma realização à qual o sistema abstrato se aplique; (5) um paciente capaz de abstrair e de combinar suas abstrações em sistemas que operam de acordo com regras (cuja natureza pode ser demonstrada) que garantem que esses sistemas não sejam incompatíveis com si próprios. Seria possível deduzir de qual realização original a abstração foi derivada. Observa-se

que realizações posteriores se aproximam dos sistemas dedutivos científicos, embora a existência das últimas realizações talvez não fosse conhecida quando a abstração que vemos representá-las foi vislumbrada pela primeira vez.

5. Vou ignorar (1) por ser um enunciado cujos sistemas abstratos dele derivados formam representações de realizações que geralmente são sentidas como pertencendo a uma classe diferente das realizações correspondentes a (2), (4) e (5). (3) representa uma realização que ainda temos de considerar mais. É peculiar, pois as realizações que se aproximam dessa representação guardam uma semelhança superficial com as realizações que se aproximam de (1) e com outras realizações que se aproximam das representações derivadas de (1).

6. No decorrer da discussão de (1), (2), (3), (4) e (5), a abstração como um fator na função-alfa pode ser proveitosamente investigada. Há duas tarefas que é necessário abordar agora. A primeira é a elucidação das realizações originais da abstração. A segunda tarefa é elucidar a relação do modelo (como Freud usa o termo na passagem em que se refere ao aparelho reflexo como modelo para o aparelho envolvido no sonhar) com a realização da qual derivaram a abstração e os sistemas dedutivos teóricos. Em que extensão e circunstâncias observa-se que essa realização original é um modelo, ou pode ser usada como um, para a abstração dela derivada? Ela pode facilmente ser usada inadvertidamente como tal modelo. Por exemplo, falei de certas locuções como sendo evidência não de memória, mas de "fatos não digeridos" (Capítulo 3, item 3). O uso do sistema alimentar como modelo para o processo de pensamento fica implícito nesse enunciado. Existe razão para acreditar que as experiências emocionais associadas com alimentação são aquelas das quais indivíduos abstraíram elementos e então os integraram para formar sistemas dedutivos teóricos que são utilizados como

representações de realizações de pensamento. Existe razão para usar o sistema alimentar como um modelo para demonstrar e compreender os processos envolvidos no pensar. Não se pode levantar nenhuma objeção, exceto com base na ineficiência, ao procedimento como transformador da realização original e da experiência emocional que ele suscitou para fornecer representações para realizações que parecem se aproximar delas. Além do mais, a imagem concreta da realização original pode ser usada como um modelo para uma realização subsequente. A distinção entre a representação, formada a partir de elementos-alfa combinados para produzir um sistema dedutivo teórico abstrato, e um modelo, formado a partir de imagens concretas combinadas de acordo com aquilo que foi concebido como as relações existentes entre os componentes da realização original, é importante e precisa ser preservada para evitar confusão. Mas o que se pode dizer quanto à utilização de nosso conhecimento a respeito do sistema alimentar para formar um modelo não para os processos envolvidos no pensar, mas para os processos envolvidos no pensar sobre o ato de pensar?

7. Problemas associados aos distúrbios do pensamento nos compelem a pensar a respeito do pensamento, e isso levanta a questão da técnica – *como* vamos pensar a respeito do pensamento – qual é o método correto? Está claro que, quando estamos preocupados em elucidar distúrbios do pensar e, portanto, fenômenos relacionados à atitude e à capacidade do paciente de pensar sobre o pensamento, podemos inadvertidamente usar nosso conhecimento a respeito do canal alimentar. A importância dessa questão reside no fato de que certos pacientes são influenciados pela crença de que digerem pensamentos e de que as consequências de o fazer são semelhantes à digestão de comida. Isso quer dizer que, se tentam fazer aquilo que usualmente seria considerado como meditar a respeito de uma ideia, acreditam que os pensamentos assim tratados sofrem uma mudança análoga àquela sofrida pela comida que se

112   APRENDER DA EXPERIÊNCIA

converte em fezes: algumas ideias, ou suas representações verbais, sobrevivem e, caso sejam expressas, se apresentam não como evidência da posse de uma ideia, mas como evidência, embutida em uma matriz de coisas desconexas, de que seus pensamentos foram destruídos e despojados de significado, da mesma maneira que as fezes e suas partículas não digeridas podem ser consideradas um alimento que foi destruído e despojado de seu valor como alimento.[1] As interpretações endereçadas a um paciente desse tipo precisam ser veiculadas em termos que evitem palavras nas quais o modelo do sistema digestivo esteja implícito. Na prática, se a dificuldade é reconhecida pelo analista, este pode adotar medidas para evitar tornar a confusão ainda maior. Mas o problema estimula o pensamento de que o emprego inconsciente desse modelo pode estar criando dificuldades não apenas para o psicótico, mas também para o filósofo da ciência que esteja lidando com problemas relativos ao método do pensar com clareza. O termo que acabei de empregar, "pensar com clareza", é ele mesmo evidência da extensão em que o vocabulário da filosofia e da psicanálise – cuja relação pode ser considerada análoga à relação da matemática com a matemática aplicada – está saturado por modelos derivados de impressões sensoriais de objetos materiais. Podemos, então, lançar mão sem nos dar conta dos mesmos métodos de compreensão, e

---

1 A importância desse fenômeno se modifica de acordo com a emoção que acompanha a experiência. O paciente pode acreditar que sua atividade é uma evacuação, mas a natureza de sua crença depende de ele estar se sentindo agressivo, deprimido ou perseguido. Caso o analista considere a atividade do paciente uma comunicação verbal normal, o paciente não sabe "o que ele está sentindo". Superficialmente, o comportamento do paciente lembra de muito perto um estado de sonho, como descrevi no Capítulo 9, item 4. De fato, esse estado é uma tela-beta e não pode efetuar uma separação de pensamentos entre consciente e inconsciente. Caso fosse sonho de verdade, a situação clínica forneceria evidência da separação entre consciente e inconsciente, como a que existe quando o paciente está identificado com o inconsciente e o analista com o consciente, ou vice-versa.

isso inclui representar realizações no âmbito do pensar por meio dos modelos empregados na realização original. É verdade que o modelo que nos é fornecido pelo conhecimento presente do tubo digestivo será muito diferente do modelo que o conhecimento da criança sobre o sistema alimentar fornece a ela. Uma diferença semelhante se aplica aos sistemas construídos a partir dos elementos-alfa que são derivados como parte do processo de abstração; as abstrações da criança não são aquelas do adulto.

21

1. O uso de um modelo tem um valor ao restaurar um sentido do concreto a uma investigação que pode ter perdido contato com seu pano de fundo pelas abstrações e pelos sistemas dedutivos teóricos associados a ela. Seu mérito, nesse aspecto, é comparável ao seu mérito como uma aproximação primitiva à abstração, pois uma experiência total – digamos, a alimentação – está sendo usada como um modelo para um problema posterior. O defeito do modelo como instrumento intensifica a necessidade de produzir abstrações.

2. Um modelo também tem qualidades que o capacitam a cumprir algumas das funções de uma abstração. O modelo habilita o investigador a utilizar uma experiência emocional aplicando-a como uma totalidade a uma experiência subsequente ou a algum aspecto dela. Nesses méritos residem os elementos que por fim tornam o modelo ultrapassado. Não existe nenhuma experiência que corresponda exatamente a uma experiência passada; o sistema dedutivo científico e suas abstrações, ou o modelo e as imagens a

116   APRENDER DA EXPERIÊNCIA

ele associadas, podem ser apenas uma aproximação à realização e vice-versa.

3. Diferencio o modelo da abstração reservando o termo modelo para uma construção na qual imagens concretas combinam-se entre si; frequentemente, o vínculo entre imagens concretas produz o efeito de uma narrativa, sugerindo que alguns elementos dessa narrativa são as causas de outros. O modelo é construído com elementos provenientes do passado do indivíduo, enquanto a abstração é impregnada, por assim dizer, com pré-concepções do futuro do indivíduo.[1] Sua semelhança com o modelo repousa na origem que ambos têm em uma experiência emocional e em sua aplicação a uma experiência emocional totalmente nova; diferem no ganho em flexibilidade e aplicabilidade obtido com a perda de imagens concretas específicas; os elementos na abstração não estão combinados por uma narrativa, mas por um método destinado a revelar mais a relação do que os objetos relacionados. O sistema dedutivo abstrai de uma experiência emocional aquelas qualidades que mostram o relacionamento entre os elementos naquela mesma experiência emocional. Os elementos reais relacionados são de menor consequência. O modelo enfatiza os elementos de fato presentes, as imagens visuais, mas o modo pelo qual eles estão encadeados entre si tem importância secundária.

4. O fato de qualquer realização apenas se aproximar da representação, seja esta abstração ou modelo, é o estímulo para mais abstrações e para a confecção de mais modelos.

Se o aprendiz não tolera a frustração essencial ao aprendizado, ele se entrega a *phantasias* de onisciência e a uma crença em um estado no qual as coisas são conhecidas. Conhecer algo consiste

---

1   Ver Capítulo 22, item 8.

em "ter" algum "pedaço de" conhecimento, e não naquilo que chamei de K.

A própria descrição de abstração e confecção de modelos nos Capítulos 20 e 21 é um exemplo de feitura de modelos e abstração empregados em K (ou "conhecer", no sentido de "inteirar-se" de algo). Se a confecção de modelos e a abstração implicam uma capacidade para a função-alfa, elas são compatíveis com todos os estados de mente mencionados no Capítulo 20, item 4, exceto (1). Se há evidência de (1), a incompatibilidade de (1) com os outros significa que (1) e (2), (3), (4) etc. coexistem, mas estão cindidos uns dos outros.

22

1. A escrita deste livro é uma realização de K. As dificuldades de um paciente que sofre de uma "desordem do pensamento" são semelhantes àquelas que assolam os cientistas e outros interessados em estabelecer fatos, pois essas dificuldades surgem do fracasso de averiguar fatos e, portanto, envolvem a investigação da natureza do fracasso. O fracasso dos pacientes que sofrem de desordens do pensamento se dá claramente no interior da personalidade. A psicanálise desse fracasso é impossível sem a compreensão do problema do filósofo da ciência e, inversamente, o enunciado do problema do filósofo da ciência fica incompleto sem o auxílio da experiência psicanalítica a respeito das desordens do pensar.[1] A investigação da abstração como parte do arsenal psicanalítico terá essa dupla abordagem. Primeiramente, vou discutir a abstração como um fator da função-alfa em um vínculo K.

---

1 Ver R. E. Money-Kyrle (1961), *Man's picture of his world*, cap. IV. O problema discutido nesse livro é essencialmente o mesmo que discuto aqui no campo restrito do método psicanalítico. Money-Kyrle mostra que esse problema confronta o homem comum nas tarefas que ele enfrenta ao longo da vida.

120   APRENDER DA EXPERIÊNCIA

2. Vamos supor que uma criança repete uma experiência emocional na qual os seguintes elementos estão constantemente conjugados: a visão de um homem; um senso de ser amada pelo homem; um senso de querer o homem; uma noção de que a mãe repete a frase "este é o papai". "Pa, pa, pa", diz a criança. "Isso mesmo! Papai", diz a mãe. A criança abstrai da experiência emocional alguns elementos. Quais são esses elementos depende em parte da criança. Esses elementos abstraídos recebem um nome – "papai" – em outras situações nas quais os mesmos elementos parecem estar conjugados; assim se estabelece um vocabulário. Essa não é uma descrição de um fato; dou a ela o *status* de um modelo do qual abstraio uma teoria e espero constatar que ela é uma representação à qual corresponde alguma realização. Abstraio a seguinte teoria: "papai" é o nome de uma hipótese.[2] A hipótese denominada "papai" é uma declaração de que certos elementos estão constantemente conjugados.

3. Agora, a criança conhece uma outra que também fala pa-pa-pa, mas em circunstâncias que não parecem corresponder àquelas associadas a pa-pa-pa. Existe um homem, mas é o homem errado. No entanto, nessa nova situação, alguns elementos correspondem a elementos nas situações que a criança considera como realizações correspondentes à hipótese cujo nome é "papai". A hipótese precisa ser revisada para representar as realizações. Ela pode ser abandonada em prol de outra ou pode se tornar um sistema de hipóteses, um sistema dedutivo científico. As experiências continuam, e o sistema dedutivo científico denominado "papai" torna-se gradativamente mais complexo. Para usar o modelo para abstrair uma teoria, o indivíduo precisa ser capaz de abstrair de uma experiência

---

2   Ver H. Rosenfeld (1960), "On drug addiction", *Int. J. of Psycho-Anal., 41*, p. 472, para um exemplo iluminador do problema que ilustrei por meio do modelo de uso que a criança faz de "papai". Embora tenha sido relatado como ocorrendo em um sonho, é típico de uma atitude mental que não se restringe ao sono.

emocional elementos que pareçam estar constantemente conjugados, incluindo um único elemento que é ao mesmo tempo o nome da teoria, hipótese ou sistema dedutivo científico, e o nome daquela que se acredita ser a realização que se aproxima da teoria.

Assim, "cadeira" é: (1) o nome dado a uma coisa-em-si, conforme se supõe que ela exista na realidade; isso, acompanhando Kant, não nos pode ser conhecido;[3] (2) o nome dado ao fato selecionado; (3) o nome dado a uma seleção de sentimentos, impressões etc., que, em virtude do fato selecionado, são sentidos como relacionados e coerentes; (4) o nome da hipótese definitória que declara que esses mesmos elementos estão constantemente conjugados. (3) e (4) correspondem às qualidades secundárias e primárias de Kant. Essas diferentes naturezas do conteúdo do termo "cadeira" possuem importância prática para psicanalistas que se defrontam com a necessidade e as dificuldades de comunicação dentro do grupo. Até o momento usei apenas duas palavras, papai e cadeira, como exemplos de nomes de hipóteses, isto é, de elementos abstraídos de uma situação emocional aos quais o nome conferiu coerência.

4. O uso do termo "hipótese" como um nome para o objeto que seria mais frequentemente descrito como um conceito é uma expressão do problema apresentado por (3) conforme ele emerge ao ser investigado psicanaliticamente. O problema apresentado pela experiência psicanalítica reside na falta de qualquer terminologia adequada para descrevê-lo e lembra, nesse aspecto, o problema que Aristóteles solucionou ao supor que a matemática lida com objetos matemáticos. É conveniente supor que a psicanálise lida com objetos psicanalíticos e que é com a detecção e a observação desses objetos que o psicanalista precisa se preocupar na condução de uma análise. (3) descreve um aspecto desses objetos. Emprego o

---

3 I. Kant (1929), *Critique of pure reason*, tradução de N. Kemp Smith, B XXVII-XXVIII, prefácio à 2. ed.

122   APRENDER DA EXPERIÊNCIA

termo "hipótese" provisoriamente, porque o significado associado ao uso científico desse termo tem aspectos que são compartilhados pelo objeto psicanalítico. A identificação de um objeto desse tipo depende (a) da possibilidade de encontrar um meio que comunique a natureza do objeto, o que envolve o emprego dos mesmos métodos que são o objeto dessa investigação; e (b) do equipamento mental que o observador pode mobilizar. Portanto, tanto (a) como (b) são esboços de problemas para os quais essas investigações devem convergir.

5. Dentre todos os elementos presentes em uma realização, apenas alguns possuem os respectivos dados sensoriais ligados entre si em conjunção constante. Portanto, podemos considerar que esses elementos e seus respectivos dados sensoriais foram abstraídos da totalidade dos elementos presentes na realização. Uma abstração ulterior ocorre quando se dá um nome aos elementos e se percebe que esse nome é diferente da realização que ele representa. A abstração deve ser capaz de preencher a função de uma pré-concepção. Portanto, a generalização precisa ser capaz de particularização; a abstração precisa ser capaz de concretização. No termo concretização, fica implícito o modelo do qual ele deriva. O modelo supre um pano de fundo de significado que pode evitar que meu enunciado fique tão divorciado da realidade a ponto de não servir para o pareamento com sua realização. Mas a implicação que é sua força se torna uma fragilidade quando é empregado por alguém que participa de uma relação cujo vínculo é menos K. (De agora em diante, vou grafá-lo como "–K"; o assunto será discutido em detalhe no Capítulo 28.) Essa fragilidade e como ela é explorada em –K tornam-se aparentes na análise do paciente que parece ser incapaz de abstrair, o paciente para quem palavras são coisas – as coisas que as palavras deveriam representar, mas que para esse paciente são indistinguíveis do nome que têm e vice-versa.

6. Podemos esclarecer os problemas associados à abstração se os considerarmos no inverso, como problemas do movimento que vai do geral para o particular, do abstrato para o concreto. Quando falo de concretização, espero que se entenda que emprego uma metáfora. Esse tipo de paciente não entenderia isso. Para ele, a palavra seria um pedaço de concreto.[4] Isso seria igualmente verdadeiro se ele tentasse, como eu estou tentando, esclarecer o que quero dizer ao empregar o termo concretização. Posso me dar conta de que não consegui deixar claro o que quero dizer, mas não penso que minha dificuldade resida em passar por pedaços de concreto quando o que eu quero é falar.

7. A teoria de que o conceito é uma declaração de que certos elementos estão constantemente conjugados e de que a palavra é o nome daquela declaração pode ser usada à guisa de modelo para formular uma teoria mais abstrata e amplamente abrangente. A realização de qualquer situação emocional é uma aproximação a um sistema dedutivo teórico que a representa, ainda que esse sistema dedutivo científico, ou representação, não tenha sido descoberto.

8. Agora é possível formular com maior facilidade a natureza de um objeto psicanalítico. Suponha que ψ representa uma constante (ξ), um elemento insaturado que, uma vez identificado, determina o valor da constante. Podemos usar a constante desconhecida ψ para representar uma pré-concepção inata. Empregando um modelo para dar significado temporário ao termo "pré-concepção inata", vou supor que uma criança tem uma pré-concepção inata de que existe um seio que satisfaz sua natureza incompleta. A realização do seio fornece uma experiência emocional. Essa experiência corresponde às qualidades primárias e secundárias de um fenômeno de Kant. As qualidades secundárias determinam o

---

4 H. Segal (1957), "Notes on symbol formation", *Int. J. of Psycho-Anal.* Ver seus comentários sobre equação no que tange à concretização e à abstração.

valor do elemento insaturado (ξ) e, portanto, o valor de ψ (ξ). Esse sinal representa, agora, uma concepção. O elemento previamente insaturado (ξ) e a constante desconhecida ψ compartilham um componente, que é a característica inata da personalidade. Vamos representá-la por ($\mathcal{M}$). O objeto psicanalítico pode ser então representado por ψ (ξ) ($\mathcal{M}$). O valor de ($\mathcal{M}$), bem como o de (ξ), são determinados pela experiência emocional estimulada pela realização, ou seja, no modelo que apresentei, pelo contato com o seio. O valor do objeto psicanalítico ψ (ξ) ($\mathcal{M}$) será então determinado pela identificação de (ξ) ($\mathcal{M}$) que é precipitada por uma realização.

9. Isso não é tudo. A extensão do conceito de um objeto psicanalítico, como as extensões de todos os conceitos biológicos, inclui fenômenos relacionados ao crescimento. O crescimento pode ser visto como positivo ou negativo. Vou representá-lo por ($\pm$Y). Os sinais de mais e menos são usados para dar sentido ou direção ao elemento que precedem, de modo análogo ao empregado em coordenadas geométricas. Para indicar esse aspecto da extensão do objeto psicanalítico, vou representá-lo por $\{(\pm Y)\ \psi\ (\mathcal{M})\ (\xi)\}$. O sinal positivo ou negativo que precede (Y) só será determinado pelo contato com uma realização. A abstração a partir do objeto psicanalítico vai se relacionar com a resolução das reivindicações conflitantes entre narcisismo e social-ismo. Se a tendência é social (+Y), a abstração estará relacionada ao isolamento de qualidades primárias. Se a tendência é narcisista (–Y), a abstração será substituída pela atividade apropriada a –K, que ainda não discuti.

10. K, ao qual o analista fica restrito, envolve abstração proveniente do objeto psicanalítico representado por $\{(Y)\ \psi\ (\xi)(\mathcal{M})\}$. A abstração deve ser capaz de servir como a constante de modo a preencher a função de uma incógnita e, ainda assim, em virtude do objeto analítico do qual deriva, a abstração tem os atributos de uma preconcepção que, diferente da pré-concepção inata, tem uma penumbra de significado. Permanece sendo uma incógnita, mas a gama de valores que lhe podem ser atribuídos pela identificação de (ξ) é restrita. Só podemos aplicar o termo "conhecimento *a priori*" a objetos psicanalíticos quando ψ é uma incógnita cujo valor pode ser determinado pela identificação de (ξ) sem restrições.

É necessário, e deveria ser possível, encontrar hipóteses que pudessem ser utilizadas em sistemas dedutivos científicos quer como premissas, quer como hipóteses derivadas. Então, se poderia constatar que esses sistemas dedutivos científicos, abstraídos de experiências emocionais, representam outras experiências emocionais das quais não foram derivados, mas que se aproximam do sistema dedutivo científico representativo em questão. O sistema dedutivo científico poderia então sofrer maior abstração, para produzir o equivalente a um cálculo algébrico que o representasse.

23

1. Poincaré[1] descreve assim o processo de criação de uma formulação matemática:

> *Um resultado novo, para ter algum valor, deve unir elementos conhecidos há muito tempo, mas até então dispersos e aparentemente estranhos uns aos outros, e subitamente introduzir ordem onde reinava a aparência de desordem. Então ele nos capacita a ver em um relance cada um desses elementos no lugar que ocupa no todo. Não só o novo fato é valioso por si mesmo, mas, além disso, só ele confere valor aos velhos fatos que une. Nossa mente é tão frágil quanto nossos sentidos; ela se perderia na complexidade do mundo caso essa complexidade não fosse harmoniosa; como o míope, ela veria apenas os detalhes e seria obrigada a esquecer cada um deles antes de examinar o próximo, porque seria*

---

1 H. Poincaré (1914), *Science and method* (Dover Publications).

128 APRENDER DA EXPERIÊNCIA

incapaz de assimilar o todo. Os únicos fatos dignos de nossa atenção são aqueles que introduzem ordem nessa complexidade, tornando-a, assim, acessível a nós.

2. Essa descrição se assemelha muito à teoria psicanalítica das posições esquizoparanoide e depressiva delineada por Klein. Usei o termo "fato selecionado" para descrever aquilo que o psicanalista precisa experimentar no processo de síntese. O nome de um elemento é utilizado para particularizar o fato selecionado, quer dizer, o nome daquele elemento na realização que parece ligar elementos até então não vistos como conectados. Então, podemos ver que as representações dos fatos selecionados possuem uma coerência similar, caso se possa encontrar a representação apropriada para uma série de fatos selecionados. Os fatos selecionados, junto com o fato selecionado que parece conferir coerência a uma série de fatos selecionados, emergem de um objeto psicanalítico ou de uma série de tais objetos, mas não podem ser formulados de acordo com os princípios que regem um sistema dedutivo científico. Antes que um tal sistema possa ser criado, os fatos selecionados precisam ser processados por processos racionais conscientes. Só então será possível formular a representação que reunirá os elementos de fatos selecionados coerentes em um sistema dedutivo científico. No sistema dedutivo científico, as hipóteses do sistema precisam permanecer unidas por meio de regras, mas estas não correspondem àquela que, na realização, parece unir os elementos cuja relação parece ser revelada pelo fato selecionado. As regras que mantêm as hipóteses unidas no sistema de hipóteses, qual seja, o sistema dedutivo científico, são as regras da lógica. A relação entre as hipóteses de um sistema dedutivo científico, a saber, a conexão lógica entre elas ressaltada pelo sistema dedutivo, é característica do pensar racional consciente, mas não da relação entre os elementos em uma realização cujos fenômenos parecem se manter coesos em resultado da descoberta de um fato seleciona-do. O fato selecionado é o nome de uma experiência emocional, a experiência emocional de um senso de descoberta de coerência; sua importância é, portanto, epistemológica, e não se deve supor que a relação dos fatos selecionados seja lógica. Os elementos que pensamos estar relacionados têm uma contraparte na realidade das coisas-em-si. Deveríamos presumir que o fato selecionado representa uma coisa-em-si e, de modo semelhante, que a relação – isto é, a relação lógica – entre os elementos no sistema dedutivo científico também possui uma contraparte na realidade presente, uma coisa-em-si que se aproxima da lógica dedutiva? Na verdade, a formulação matemática tem algumas das características de uma tentativa de formular um sistema de relações entre objetos matemáticos das quais alguma realização de relacionamentos poderia se aproximar. Em outras palavras, não existe nenhuma razão para que as leis que regem a manipulação lógica dos elementos em um sistema dedutivo científico tenham que ter qualquer realização correspondente. Segue-se que os elementos em um objeto analítico podem estar relacionados entre si de um modo totalmente diferente do modo como suas representações ficam vinculadas em um sistema dedutivo científico. O progresso na elucidação do campo da qualidade de relacionamento dependerá, provavelmente, do esclarecimento de –K feito por K e dos objetos psicanalíticos específicos a isso.

3. O sistema de relacionamentos discernível no sistema dedutivo científico ou em seu cálculo correspondente pode não ter nenhuma realização. Investigações bem-sucedidas têm sido associadas com objetos inanimados que o objeto animado compartilha com o inanimado. Em tais casos, a estrutura lógica do sistema dedutivo científico, e o cálculo algébrico que a representa, parece ter uma realização correspondente, provavelmente por ter sido abstraída de uma realização semelhante. Ou seja, há uma realização que parece corresponder aproximadamente à rede real de relacionamentos que é interna ao próprio sistema dedutivo científico. A investigação de elementos que são essencialmente animados não produz tal correspondência. A forma de associação entre elementos ligados entre si por narrativa difere da forma de associação discernível pela transição da posição esquizoparanoide para a depressiva.

4. A forma narrativa associa-se à teoria de causação e a outra com a posição depressiva e o fato selecionado. Pode não haver uma realização que corresponda a essas duas teorias.

5. Qualquer experiência pode ser utilizada como um "modelo" para alguma experiência futura. Esse aspecto do aprender pela experiência está relacionado, e pode ser idêntico, à função atribuída por Freud à atenção quando diz que a atenção tem que "buscar periodicamente no mundo externo, a fim de que seus dados possam já ser familiares caso surja uma urgente necessidade interna". O valor de um modelo é que seus dados familiares estão disponíveis para ir ao encontro de uma necessidade urgente interna ou externa. O fato selecionado precipita o modelo. A coerência dos elementos no modelo que está identificado com a realização é, então, sentida como pertencente aos elementos da realização.

6. Antes que uma experiência emocional possa ser utilizada para constituir um modelo, seus dados sensoriais têm de ser transformados em elementos-alfa, para ser armazenados e disponibilizados para abstração. (Em −K o significado é abstraído, deixando uma representação espoliada.) A feitura de modelos durante a experiência se relaciona ao modelo necessário para essa experiência; durante a experiência, a função-alfa fornece os elementos necessários para a feitura de modelos em uma experiência subsequente; o modelo é precipitado durante a experiência para a qual o modelo é necessário. Elementos são retirados do armazenamento mental para fornecer um modelo que se aproxime do evento a esclarecer. A personalidade abstrai da experiência os elementos cuja recorrência é esperada e forma, a partir desses elementos, o modelo que irá preservar algo da experiência original, mas com flexibilidade suficiente para permitir adaptação a experiências novas, mas supostamente similares. A personalidade abstrai elementos para construir ou um modelo, ou uma abstração, ou ambos. Vou usar o termo modelo quando o constructo for forjado para dar conta de uma "necessidade urgente" de concretude. (Constructo, forjar, concretude. Todas as três palavras veiculam implicações dos modelos dos quais as palavras foram abstraídas. Deixei essa passagem como um exemplo da influência latente do modelo, embora perceptível nesse caso.) Se a necessidade for de um modelo, esses elementos serão abstraídos a partir de um estoque de elementos-alfa que possuem, como imagens visuais, uma reminiscência da experiência emocional no decorrer da qual o elemento-alfa foi formado. Quanto mais tais elementos forem empregados, mais rígido se tornará o modelo e mais restrita sua aplicação; a restrição se modifica caso o modelo formado a partir de uma combinação desses elementos seja submetido novamente a mais abstrações. As abstrações, então, precisam ser combinadas de acordo com as regras lógicas. O sistema de abstrações é o sistema dedutivo científico.

24

1. Vamos supor que o paciente produziu algumas associações e outros materiais. O analista tem à sua disposição:

1. observações a respeito do material do paciente;
2. várias experiências emocionais próprias;
3. um conhecimento de uma ou mais versões do mito de Édipo;[1]
4. uma ou mais versões da teoria psicanalítica do complexo de Édipo;
5. outras teorias psicanalíticas fundamentais.

Alguns aspectos da sessão vão parecer familiares e lembrá-lo de experiências anteriores, analíticas e de outros tipos. Outros aspectos vão parecer se assemelhar à situação edipiana. A partir dessas fontes, o analista pode formar um modelo; o problema é

---

1 Ver J. O. Wisdom (1961), "A methodological approach to the problem of hysteria", *Int. J. of Psycho-Anal., 42*. Também "An examination of the psycho-analytical theories of melancholia" (Wisdom, 1962).

134 APRENDER DA EXPERIÊNCIA

decidir se o analista está perante uma realização da teoria freudiana do complexo de Édipo. A teoria edipiana não corresponde estritamente àquilo que um físico chamaria de um sistema dedutivo científico, mas pode ser formulada de modo a se qualificar à inclusão em tal categoria. É provável que sua fragilidade, enquanto membro dessa categoria, seja sua falta de abstração e a estrutura peculiar mediante a qual seus elementos se relacionam entre si. Isso se deve em parte ao fato de que quanto mais concretos são os elementos, menos eles se prestam à variabilidade de combinações.

2. Dois fatores adicionais: a natureza real da rede de relações que sustenta os elementos e o fato de os elementos derivarem de um mito contrastam com os elementos em um sistema dedutivo científico como usado pelo físico. Esse último aparenta derivar de uma realização e ser capaz de representar outra realização, enquanto a formulação psicanalítica é derivada da – e expressa pela – experiência emocional de uma narrativa folclórica e supõe-se que represente uma realização encontrada em psicanálise. Freud derivou sua teoria a partir da experiência emocional da investigação psicanalítica, mas sua descrição não poderia ser comparável às formulações que se supõe, usualmente, representar descobertas científicas. A seguir, desejo discutir apenas duas fragilidades metodológicas na teoria edipiana:

Em primeiro lugar, a teoria, como está, é tão concreta que não consegue parear a sua realização, ou seja, não é possível encontrar nenhuma realização que se aproxime de uma teoria cujos elementos, concretos em si mesmos, estão combinados em uma rede narrativa de relacionamentos que é intrínseca e essencial. Sem a narrativa, os elementos perdem seu valor

Em segundo lugar, e inversamente, se os elementos são generalizados, a teoria se torna uma manipulação engenhosa deles de acordo com regras arbitrárias – a formulação mais comum dessa desconfiança em relação à teoria é a crítica de que analista e analisando se comprazem em um gosto pelo jargão.

3. Uma formulação teórica que parece ser concreta demais e, ao mesmo tempo, abstrata demais precisa ser generalizada de um modo que suas realizações sejam detectadas com mais facilidade, sem a concomitante fragilidade – vista com mais frequência na matemática – de parecer uma manipulação arbitrária de símbolos. Será que ela conseguiria reter seus elementos concretos sem perder a flexibilidade tão essencial à aplicação psicanalítica? É possível torná-la mais abstrata, embora talvez não encontremos um cálculo algébrico que represente o sistema dedutivo científico. Posteriormente vou discorrer mais sobre tal possibilidade.

4. Estou convencido da força da posição científica da prática psicanalítica. Acredito que a prática dos psicanalistas em fazer da psicanálise uma experiência essencial de treinamento lida com as dificuldades fundamentais no momento, pois disponibiliza o consciente e o inconsciente para correlação; mas não considero menos premente a necessidade de investigar a fragilidade que se origina de uma construção teórica defeituosa, da insuficiência da notação e de falhas no cuidado metodológico e na manutenção do equipamento psicanalítico. ("Cuidado", "manutenção", "equipamento" – novamente o modelo implícito.)

25

1. O modelo pode ser considerado uma abstração de uma experiência emocional, ou uma concretização de uma abstração. Essa última tem afinidades com a transformação de uma hipótese em termos de dados empiricamente verificáveis. No grupo, há certa pretensão de que o mito seja considerado como perfazendo o mesmo papel na sociedade que o modelo tem no trabalho científico do indivíduo.

2. Como exemplo de um modelo, tomo a história imaginária da criança aprendendo a palavra "papai". Essa história não pretende ser um fato. É derivada da experiência de pacientes em análise, da observação de crianças, de leituras um tanto dispersas, algumas delas filosóficas, e de outras fontes. Em suma, ela deriva da experiência – minha experiência. É um artefato composto de elementos que eu selecionei a partir de meu repertório de experiências. Mas ele foi composto para um objetivo específico; a seleção e a combinação de elementos não são fortuitas, mas feitas para "explicar" ou iluminar o problema da abstração. Portanto, esse artefato não tem valor como evidência; seu valor está na facilidade com que pode

138 APRENDER DA EXPERIÊNCIA

ser comunicado e comparado com fatos. Em contraste, o relato do paciente que sente que as suas palavras são coisas não é um modelo, mas um exemplo; o que eu descrevo tem a pretensão de ser uma realização. O modelo foi feito para iluminar a experiência que tive com um paciente específico e é utilizado para comparação com a realização. Potencialmente, toda realização se aproxima de uma abstração ou de um sistema dedutivo científico, mesmo que aquele ao qual corresponde ainda não tenha sido descoberto (Capítulo 20, item 4). A comparação entre modelo e realização pode resultar no esclarecimento que desejo, ou pode compensar tão pouco que presumo que o modelo é inútil e o descarto. Modelos são efêmeros e, nesse aspecto, diferem de teorias; não tenho nenhum escrúpulo em descartar um modelo tão logo ele tenha servido ao meu objetivo ou fracassado em fazê-lo. Se um modelo se mostra útil em diferentes ocasiões, é hora de considerar transformá-lo em teoria.

3. Um psicanalista pode fazer tantos modelos quantos quiser, a partir de quaisquer materiais que tiver à disposição. É importante não confundir essas estruturas efêmeras com realizações, de um lado, nem com teorias, de outro. O modelo tem uma função valiosa, desde que sempre seja reconhecido por aquilo que é. Se o analista acredita que está descrevendo um evento real, precisa deixar isso claro e não permitir que fique borrada a distinção entre um evento, cuja autenticidade é apoiada em evidências, e um modelo. O mesmo vale para a distinção entre um modelo e uma teoria. Vou lidar com as dificuldades específicas que assolam o psicanalista quando este evita confusão ao diferenciar uma teoria de um modelo e um modelo da forma particular de teoria conhecida como interpretação psicanalítica.

4. O processo de abstração a partir de uma realização pode proceder diretamente da realização para o sistema dedutivo científico mediante a fase intermediária da confecção de modelos.

Elementos são selecionados a partir do modelo e utilizados como elementos no sistema dedutivo científico. A necessidade desse procedimento fica aparente quando se usa um modelo para iluminar uma realização vista como próxima ao modelo e então se descobre que o modelo não é similar o suficiente para esclarecer o problema para o qual se buscou uma solução. Ignoro a eventualidade originada ao se parear de modo errôneo a realização e o modelo; essa falha é resolvida pela criação de um novo modelo. Uma falha importante é aquela que surge quando o modelo é visto como o que mais se aproxima da realização, mas não espelha desenvolvimentos na realização pelo movimento em sua própria estrutura interna. Essa falha pode ocorrer toda vez que se utiliza a confecção de modelos, mas o risco de sua ocorrência aumenta quando, como em psicanálise, estamos preocupados com desenvolvimento e falamos de "mecanismos mentais". Qualquer que seja o fenômeno assim descrito, falar em "mecanismos" sugere que o modelo implícito serve, provavelmente, mais para uma máquina inanimada do que para um organismo vivo. É provável que enfatize os aspectos que os organismos vivos compartilham com o inanimado. Esse é um defeito sério, pois precisamos de modelos quando o problema é bastante complexo, isto é, quando características de crescimento são centrais; e assim é na maior parte do tempo. O termo "mecanismo" subentende o modelo de uma máquina, precisamente aquilo que a realização não é. Os perigos da abstração excessiva não descartam o uso de modelos, solução fácil e inadmissível. Portanto, os psicanalistas certamente estão familiarizados com a situação em que o modelo usado para evitar os perigos da teorização, e nisso incluo a interpretação, apresenta o defeito complementar de estar tão próximo à realização da qual foi derivado que é igualmente intratável quando se precisa dele para representar uma realização da qual o separa sua própria concretude. Esse defeito lembra o defeito do elemento-beta como um elemento no pensar. A transformação pela qual o modelo tem que passar para que possa ser empregado como generalização é análoga ao processo mediante o qual dados sensoriais são transformados em elementos-alfa. A alternativa para descobrir ou fazer um novo modelo é lançar mão de mais abstração. O modelo então é substituído pelo sistema dedutivo científico. Vou tomar como exemplo dos assuntos envolvidos a abordagem científica dos problemas das relações K.

26

1. Os termos amor, ódio e conhecimento tiveram modelos precedentes. Vínculo (ver Capítulo 14, item 2) pode implicar um modelo ou uma abstração. Em alguns casos, o fracasso do paciente em solucionar seus problemas pode depender do fato de que emprega modelos incorretamente. Nesses casos, ao fazer seu próprio modelo, o analista precisa estar ciente do modelo usado pelo paciente e explicitá-lo. O modelo do analista precisa ser tal que o capacite a chegar a uma interpretação dos fatos que se apresentam para exame. Se o analista supõe que o pensar do paciente está defectivo e na origem de seus problemas, ele precisará de um modelo e de uma teoria do pensar próprios; ele precisará de um modelo para o modo de pensar do paciente e, a partir disso, vai precisar deduzir qual é o modelo para o pensar que o paciente tem. Então, o analista poderá comparar seu modelo e sua abstração com os do paciente. O paciente que pensa que palavras são coisas-em-si não sente estar fazendo a mesma coisa que nós pensamos que ele está fazendo quando dizemos que ele está pensando. É necessário encontrar um modelo e uma teoria apropriados para comparar a visão comum

142 APRENDER DA EXPERIÊNCIA

do pensar com a visão de tal paciente. Como vimos, existe um modelo amplamente distribuído, o modelo derivado da experiência emocional do sistema digestivo. Geralmente, não há necessidade de descartar tal modelo, embora suas falhas sejam óbvias – pode ainda ser útil falar em "fatos não digeridos". Mas para uma investigação psicanalítica do pensar, esse modelo é inadequado e necessitamos de algum modelo diferente. Essa necessidade ficou óbvia na investigação psicanalítica de perturbações do pensamento. A investigação do desenvolvimento mental mostra que alguns indivíduos se comportam como se seu modelo de pensar não fosse o de um sistema digestivo saudável ou, talvez, o de um sistema digestivo em absoluto. Portanto, é necessário descobrir qual é o modelo desses indivíduos.

2. Freud disse que o pensamento fornece um meio para restringir a descarga motora;[1] o pensamento não se ocupa mais em liberar o aparelho mental de acréscimos de estímulos, mas é empregado agora em alterar adequadamente a realidade. De acordo com isso, o pensamento é um substituto para a descarga motora, embora Freud não diga que a descarga motora deixe de funcionar como método de liberar a psique de acréscimos de estímulos. Contudo, o próprio pensamento, por meio da identificação projetiva, assume a função anteriormente confiada à descarga motora – qual seja, livrar a psique de acréscimos de estímulos; tal como a "ação", pode ser dirigido para alterar o ambiente, dependendo de a personalidade estar direcionada para evasão ou modificação da frustração. "Pensar" pode ser considerado o nome dado para um modelo ou uma abstração derivados de uma realização; com um paciente real, o problema é determinar o que ele representa pelo termo pensar. Uma pessoa pode querer dizer que está usando pensamentos e que um pensamento é um seio que não é bom, um

---

1 Freud (1911).

seio "necessidade de um seio". O problema então seria ver como esse indivíduo usa esse "objeto", particularmente se o paciente sente que é incapaz de evacuá-lo – livrar-se desses acréscimos de estímulos internos.

3. O problema fica simplificado se consideramos "pensamentos" como epistemologicamente anteriores ao pensar, e que o pensar teve de ser desenvolvido como um método ou aparelhagem para lidar com "pensamentos". Se for assim, então muito vai depender se os "pensamentos" devem ser evadidos, modificados ou usados como parte de uma tentativa de evadir ou modificar alguma outra coisa. Se são sentidos como acréscimos de estímulos, então podem ser similares ou idênticos a elementos-beta e, como tais, se prestariam a ser tratados por descargas motoras e pela operação da musculatura para efetivar a descarga. Portanto, o falar deve ser considerado potencialmente como duas atividades diferentes: um modo de comunicar pensamentos e um uso da musculatura para livrar a personalidade de pensamentos.

4. É preciso produzir uma aparelhagem que torne possível pensar o pensamento já existente. Como um "modelo" de pensamento, tomo uma sensação de fome que esteja associada a uma imagem visual de um seio que não satisfaz, mas é de um tipo de que se necessita. Esse objeto necessitado é um objeto mau; todos os objetos que são necessitados são maus, pois eles tantalizam. São necessitados porque não são efetivamente possuídos; se fossem possuídos, não haveria falta. Como não existem, são objetos peculiares, diferentes dos objetos que existem. Pensamentos, então, ou esses elementos primitivos que são protopensamentos, são maus, objetos de que se necessita e dos quais é preciso se livrar porque são maus. É possível se livrar deles tanto por evasão como por modificação. O problema é solucionado por evacuação, se a personalidade está dominada pelo impulso de se evadir da frustração, e por pensar

144 APRENDER DA EXPERIÊNCIA

os objetos, se a personalidade estiver dominada pelo impulso de modificar a frustração. Na prática analítica, produz-se confusão e complicação para o analista, pois os dois tipos de personalidades lançam mão do mesmo nome para objetos que são essencialmente diferentes. A dissimilaridade pode ser enfatizada por comparação. Se a evasão predomina, o nome denota um elemento-beta, que é uma coisa-em-si, e não o nome que a representa. A coisa-em-si é não existente e, portanto, tantalizante – lida-se com ela por meio de um despojamento (evacuação). Se a *modificação* domina, o nome denota um elemento-alfa, isto é, o nome é o nome da representação de uma coisa-em-si que existe e, portanto, fica potencialmente disponível para ser usada na obtenção de satisfação. Mais complicação surge, pois é pouco provável que o paciente seja consistente; ele não deixa claro quais objetos estão sendo denotados pelos nomes que está usando.

5. Se o paciente não pode "pensar" com seus pensamentos (quer dizer, ele tem pensamentos, mas carece de uma aparelhagem para "pensar" que o capacite a usar seus pensamentos, a pensá--los, por assim dizer), o primeiro resultado é uma intensificação da frustração, pois falta o pensamento que poderia tornar "possível ao aparelho mental tolerar o aumento de tensão durante um atraso no processo de descarga". Os passos dados pelo paciente para se livrar dos objetos, os protopensamentos ou pensamentos que para ele são inseparáveis da frustração, levaram-no então precisamente à rota que ele desejara evitar, a saber, a tensão e a frustração não mitigadas pela capacidade de pensar. A falta de uma capacidade de pensar implica, portanto, uma dupla falha, devida à ausência de elementos-alfa *e* à falta da aparelhagem para usar elementos-alfa, caso estes existam. A dupla falha se torna importante na psicanálise do paciente psicótico quando ele restabelece a função-alfa e, portanto, sua capacidade para sonhar, e, no entanto, permanece incapaz de pensar. Por conseguinte, ele recorre à identificação projeitva como um mecanismo para lidar com "pensamentos".

Mas se a função-alfa foi desenvolvida, há um aumento correspondente na dominância do princípio de realidade e uma mudança correspondente na identificação projetiva, que perde algumas de suas qualidades de *phantasia* onipotente e ganha por intermédio da capacidade do paciente de lhe dar substância.

6. Clinicamente, isso se revela quando o paciente está falando e tem uma sensação de perda mais intensa em função disso. O sentido de perda parece se originar na consciência de que os pensamentos que ele está perdendo são bons ou valiosos, diferindo nesse aspecto de elementos-beta. Da mesma forma, o analista percebe uma mudança no impacto que as manipulações do paciente têm sobre ele, analista.

7. "Pensar", no sentido de estar engajado naquela atividade que diz respeito ao uso de pensamentos, é embrionário mesmo no adulto e precisa ainda ser plenamente desenvolvido pela raça humana. Tentativas bastante conscientes dirigem-se a essa finalidade. O problema é apreendido e investigado de modo mais acurado se visto como dependente de (1) "pensamentos" e (2) "pensar", que se desenvolveram como resposta ao desafio apresentado pela existência de "pensamentos". Na psicanálise de "perturbações do pensamento", deve-se dirigir a investigação psicanalítica para o desenvolvimento e a natureza dos "pensamentos", elementos-alfa e beta, e então para a natureza do aparelho utilizado para lidar com "pensamentos". Só então é possível dedicar-se a investigar que conteúdo ou que outro fator contribuiu para o colapso. A divisão em duas classes e a atribuição de prioridade aos "pensamentos" sujeita-se às limitações peculiares à relação existente em todo trabalho científico entre a realização e a teoria representativa que acreditamos se aproximar dessa realização. A divisão e a prioridade são epistemológica e logicamente necessárias, ou seja, dentro da

146 APRENDER DA EXPERIÊNCIA

hierarquia de hipóteses no sistema dedutivo científico, a própria teoria de que o pensamento é anterior ao pensar antecede a hipótese do pensar. Uma prioridade correspondente é epistemologicamente necessária na realização que corresponde à teoria do pensar que delineei aqui.

8. O sistema dedutivo científico é necessário porque o modelo feito durante a experiência emocional que ele visa iluminar não é suficientemente abstrato. Seus elementos derivam de experiências emocionais prévias mediante a operação da função-alfa, concomitante à experiência emocional. O modelo é formado pelo exercício de uma capacidade semelhante àquela que se evidencia quando os dois olhos operam em visão binocular para correlacionar duas visões do mesmo objeto. Em psicanálise, usar consciente e inconsciente na visão de um objeto psicanalítico é análogo ao uso dos dois olhos na observação ocular de um objeto sensível à visão. Freud atribuiu essa função, o órgão dos sentidos para a qualidade psíquica, apenas à consciência. O sistema dedutivo científico é elaborado longe da experiência emocional e é um ato consciente de construção, no curso do qual se escolhem sinais e se formulam regras para a manipulação desses sinais. Será que um procedimento assim pode ser adaptado de modo proveitoso à investigação psicanalítica do desenvolvimento de pensamentos e da aparelhagem que os emprega? Vou responder a essa questão fazendo a tentativa no meu último capítulo e, a propósito, sumarizando este livro.

9. O primeiro requisito para usar uma teoria é ter condições apropriadas de observação. A mais importante destas é a psicanálise do observador, para garantir que ele tenha reduzido ao mínimo suas próprias tensões e resistências internas, as quais, de outro modo, obstruiriam sua visão dos fatos ao tornar impossível a correlação por consciente e inconsciente. O passo seguinte é que o analista acione sua atenção. Darwin assinalou que o julgamento obstrui a observação. O psicanalista, no entanto, precisa intervir com interpretações, e isso envolve o exercício de julgamento. Um estado de *rêverie* propício à função-alfa, irrupção do fato selecionado e confecção de modelos, em conjunto com um arsenal limitado a poucas teorias essenciais, torna menos provável que haja uma interrupção grosseira na observação, do tipo que Darwin tinha em mente; podem ocorrer interpretações ao analista com o mínimo de perturbação na observação.

10. O "fato selecionado", ou seja, o elemento que dá coerência aos objetos da posição esquizoparanoide e então dá início à posição depressiva, assim o faz em virtude de sua filiação a diversos sistemas dedutivos científicos em seu ponto de intersecção. A irrupção do fato selecionado é acompanhada por uma emoção equivalente àquela que se experimenta ao considerar um objeto em perspectiva reversível. O processo total depende da atenção relaxada; essa é a matriz para abstração e identificação do fato selecionado. A partir do modelo assim feito e de seu cotejamento com a realização deve-se abstrair uma teoria especial (a interpretação psicanalítica). Essa abstração envolve a diferença entre uma teoria associada a um sistema dedutivo científico e uma interpretação psicanalítica. O analista tem de se preocupar com dois modelos, um que é convocado a fazer e o outro implícito ao material produzido pelo paciente.

11. Em primeiro lugar, vou considerar o modelo que tem de ser feito pelo analista. O modelo é produzido pelo analista como uma parte da construção teórica e não é, em si mesmo, uma interpretação do que está ocorrendo, exceto no sentido coloquial do termo. A teoria relevante pode ser a teoria edipiana. O analista precisa determinar, a partir do material do paciente, por que ele o está produzindo e qual seria a interpretação correta. O modelo desempenha seu papel nessa determinação ao habilitar o analista

148   APRENDER DA EXPERIÊNCIA

a parear aquilo que o paciente está falando de fato com a teoria ou teorias conhecidas em psicanálise, como o complexo de Édipo. O modelo põe em relevo dois conjuntos de ideias, aquelas que se relacionam ao material do paciente e aquelas que se relacionam ao corpo da teoria psicanalítica.

12. A confecção de modelos possibilita reter a estrutura da teoria psicanalítica sem perder a flexibilidade necessária para ir ao encontro das necessidades de cada momento da prática psicanalítica. Por um lado, a teoria pode ficar rígida demais, em função de sua concretude, e, por outro, aberta à proliferação infindável, porque os analistas, encontrando-se em um impasse, podem preferir produzir uma nova teoria *ad hoc* em vez de passar pelas atribulações de utilizar de modo apropriado uma teoria já existente. A vantagem da teoria das funções e do desenvolvimento da confecção de modelos como uma parte essencial dela é que o analista tem espaço de sobra para realmente satisfazer a si mesmo e, portanto, a seu paciente, que é o paciente como um homem ou mulher real, cujos assuntos estão sob investigação, e não apenas os supostos mecanismos mentais de um manequim. Ao mesmo tempo, a particularização necessária para isso não envolve a proliferação de teorias. O modelo torna possível descobrir a correspondência entre o pensar do paciente e o corpo central da teoria psicanalítica, por meio de interpretações relacionadas de perto tanto à teoria como às declarações e à conduta do paciente. A confecção de modelos aumenta assim o número de contingências que podem ser encontradas e diminui o número de teorias psicanalíticas de que o psicanalista necessita como equipamento de trabalho. Se todo analista se propusesse a tarefa de produzir um manual de teorias psicanalíticas com o intuito de fornecer uma base com um mínimo de premissas a partir das quais se poderia deduzir uma ampla gama de teorias subsidiárias, acredito que isso seria possível com menos de seis teorias principais. A virtude psicanalítica não reside no número de teorias que o analista consegue dominar, mas no número mínimo que lhe permite atender a qualquer provável contingência. O alcance de tal equipamento teórico depende do método de aplicação e do procedimento de confecção de modelos. Quando fica clara a distinção entre modelo e teoria, há menos disposição para se apresentarem novas teorias quando nenhuma é necessária. O perigo está em ficar restrito por um sistema teórico que é frustrante não por ser inadequado, mas porque não está sendo utilizado de modo apropriado.

27

Este capítulo se ocupará da construção de algumas teorias que achei úteis. Visa também servir como exemplo do uso da teoria das funções e de outras ideias que apresentei, substituindo, assim, um sumário dos principais itens deste livro.

O vínculo K

1. A teoria das funções e a função-alfa não fazem parte da teoria psicanalítica. São ferramentas de trabalho para os psicanalistas praticantes, para facilitar problemas de pensar a respeito de algo que é incógnito.

2. O termo "função", usado na acepção de uma função da personalidade, não tem o significado que possui para o matemático ou para o lógico, embora tenha características que compartilham do significado que tem para ambos. Proponho o termo para ser usado na prática da psicanálise; sua denominação completa, caso haja dúvida, é "função psicanalítica da personalidade", mas pode

152 APRENDER DA EXPERIÊNCIA

ser chamada simplesmente de "função" e ter atribuído o signo ψ. A função-alfa é um fator de ψ.

3. O termo "fator" é o nome de um elemento de qualquer função. Pode ser representado pelo elemento insaturado (ξ) em ψ (ξ) e precisa existir uma realização que se aproxime dele. Qual realização o satisfaz, no sentido matemático de satisfazer os termos de uma equação, é um assunto a ser determinado pela própria investigação psicanalítica.

4. A teoria das funções, e a função-alfa em particular, não aumenta nem diminui as teorias psicanalíticas existentes. Nesse aspecto, ela difere dos argumentos que seguem.

5. Melanie Klein descreveu um aspecto da identificação projetiva relativo à modificação de temores infantis; a criança projeta uma parte de sua psique, a saber, seus sentimentos maus, para dentro de um seio bom. A partir daí, no devido tempo, esses sentimentos maus são removidos e re-introjetados. Sente-se que tais sentimentos, durante sua estadia no seio bom, foram modificados de um jeito tal que o objeto que é re-introjetado torna-se tolerável para a psique da criança.

6. A partir dessa teoria, vou abstrair para ser usada como um modelo a ideia de um continente para dentro do qual se projeta um objeto e de um objeto que pode ser projetado para dentro do continente: esse último, o objeto, designarei pelo termo "contido". A natureza insatisfatória dos dois termos assinala a necessidade de prosseguir a abstração.

7. Continente e contido são passíveis de conjunção com emoção e de ser permeados por ela. Assim conjugados ou permeados, ou ambos, eles se modificam de um modo usualmente descrito como crescimento. Quando desconectados ou desnudados de emoção, diminuem em vitalidade, ou seja, aproximam-se a objetos inanimados. Ambos, continente e contido, são modelos de representações abstratas de realizações psicanalíticas.

8. A próxima etapa em abstração é ditada pela necessidade de designação. Vou usar o sinal ♀ para a abstração que representa o continente e ♂ para o contido.

9. Esses dois sinais tanto denotam como representam. São variáveis ou incógnitas no sentido de que são substituíveis. São constantes no sentido de que só são substituíveis por constantes. Para propósitos sintáticos, são functores.

10. Reconsiderando K à luz da discussão precedente, embora K seja essencialmente uma função de dois objetos, pode ser considerado função de apenas um objeto.

A manifestação mais precoce e primitiva de K ocorre na relação entre mãe e bebê. Como uma relação de objeto parcial, pode ser formulada como uma relação entre seio e boca. Em termos abstratos, é uma relação entre ♂ e ♀ (da forma como propus o uso desses sinais).

Em K (L e H sendo fatores e, portanto, subordinados), ♂ é projetado para dentro de ♀ e seguido por abstração, de um tipo que descrevo pelo termo comensal. Por comensal, entendo que ♂ e ♀ são dependentes um do outro para benefício mútuo, e sem danos para nenhum deles. Em termos de um modelo, a mãe se beneficia e cresce mentalmente a partir da experiência: do mesmo modo, a criança também abstrai benefícios e alcança crescimento.

11. A atividade que descrevi aqui como compartilhada por dois indivíduos torna-se introjetada pela criança, de modo que a aparelhagem ♀♂ é instalada na criança como parte da aparelhagem da função-alfa. A ideia da criança que explora um objeto ao colocá-lo em sua boca fornece um modelo. Aquela conversa originalmente feita pela mãe, possivelmente uma função designatória rudimentar, é substituída pela conversa de bebê da própria criança.

12. Usando o item 11 como um modelo a partir do qual se abstrai uma teoria para representar a realização do desenvolvimento de pensamentos, proponho os seguintes termos:

(a) Pré-concepção: esse termo representa um estado de expectativa. O termo é a contraparte de uma variável na lógica matemática ou de uma incógnita na matemática. Possui a qualidade que Kant atribui a um pensamento vazio, no sentido de que ele pode ser pensado, mas não pode ser conhecido.

(b) Concepção: é o resultado do acasalamento de uma pré--concepção com as impressões sensoriais apropriadas. Usei uma frase na qual o modelo implícito é óbvio. A abstração a partir do relacionamento entre pré-concepção e impressões sensoriais é de ♀ para ♂ (NÃO de ♂ para ♀).

13. Em suma: o relacionamento entre mãe e bebê descrito por Melanie Klein como identificação projetiva é internalizado para formar um aparelho para regulagem de uma pré-concepção com os dados sensoriais da realização apropriada. Esse aparelho é representado por um modelo: o acasalamento de pré-concepção com impressões sensoriais para produzir uma concepção. O modelo, por sua vez, é representado por ♀♂.

14. A repetição do acasalamento de pré-concepção com dados sensoriais, que resulta na abstração comensal, promove crescimento em ♂ e ♀. Equivale a dizer que a capacidade para absorver impressões sensoriais desenvolve-se junto com a capacidade para conscientização de dados sensoriais. O crescimento de ♂ e ♀ pode ser representado pictoricamente pelos modelos descritos a seguir, em 16 e 17.

15. Emprestarei de Elliott Jaques o conceito de retículo[1] para o modelo do desenvolvimento de ♀. (Ao fazê-lo, não proponho alterações em seu conceito, nem reivindico que meu uso seja justificado pelas qualidades intrínsecas do conceito. A relação do conceito de Jaques com o uso que faço dele como um modelo deve ser determinada no curso do desenvolvimento da psicanálise.) Proponho o modelo que segue:

♂ se desenvolve por acréscimos, produzindo uma série de tubos que se conjugam. O resultado é um retículo no qual os tubos são as lacunas e os fios que formam as malhas do retículo são as emoções. Tomando de empréstimo de Tarski[2] o símile do questionário com lacunas que devem ser completadas, os tubos podem ser comparados a essas lacunas no questionário. A estrutura do questionário tem como sua contraparte os fios conectores do retículo.

16. O modelo para o crescimento de ♂ é um meio no qual os "contidos" ficam suspensos. Os "contidos" devem ser concebidos como protusões emergindo de uma base desconhecida. Uma imagem bidimensional é fornecida pela parábola. O meio em uma relação comensal entre ♂ e ♀ é a dúvida tolerada. Quer dizer, pode-se visualizar ♂ em desenvolvimento como semelhante aos elementos da posição esquizoparanoide, mas sem o senso de perseguição. Trata-se do estado descrito por Poincaré, e citado por mim, como aquele em que não se veem elementos em coesão.

---

1 Elliott Jaques (1960), "Disturbances in the capacity to work", *International Journal of Psycho-Analysis, 41*. Parece-me que o processo de lise e varredura, como Jaques o descreve, depende da existência de um sistema de preconcepções que possa atuar nos elementos incoerentes da posição esquizoparanoide. Investigações científicas altamente desenvolvidas me parecem empregar teorias ou sistemas dedutivos científicos como a ferramenta por meio da qual a contraparte da varredura é efetivada.

2 Alfred Tarski (1956), *Introduction to logic* (Oxford), p. 5 [N.T.].

17. Enunciando abstratamente 15 e 16, temos de um lado ($♀ \neq ♀ + ♀...$) e, de outro, ($♂. ♂. ♂...$), em que os sinais + representam variáveis substituíveis por sinais que representam emoções e os sinais . representam uma constante que representa dúvida.

18. $♂♀$ em crescimento fornece a base de uma aparelhagem para aprender por meio da experiência. O reexame dos parágrafos de 5 a 17 mostra que é a partir de pensamentos e do desenvolvimento de pensamentos que surge a aparelhagem para pensar os pensamentos. Vou considerar agora a natureza e a operação dessa aparelhagem. Ela não pode ter a estrutura rígida e nítida que essa tentativa de exposição implica, em parte porque a tentativa é um esclarecimento e em parte porque tenho de usar termos como aparelhagem e estrutura para algo animado. Vou denotar $♂♀$ em crescimento utilizando os sinais $♂^n$ e $♀^n$. Os sinais não têm qualquer significado lógico, a intenção é apenas poupar tempo.

19. Aprender depende da capacidade de $♀^n$ de manter-se integrado e ainda assim perder rigidez.[3] Esse é o fundamento do estado de mente do indivíduo capaz de preservar seu conhecimento e sua experiência e, ao mesmo tempo, estar preparado para reconstruir experiências passadas de um modo que o capacite a ser receptivo a uma nova ideia. Usando esse último enunciado como um modelo a partir do qual abstrair, os elementos ($♀$) de $♀^n$ precisam ser mantidos por uma constante + que pode ser substituída; em outras palavras, ela precisa funcionar como uma variável. Somente então pode representar uma aparelhagem capaz de modificar emoção. A capacidade de re-forma e, portanto, de receptividade de $♀^n$ depende da substituição de uma emoção, representada por +, por outra emoção, também representada por +. De modo semelhante, a penetrabilidade de elementos $♂$ em $♂^n$ depende do valor de ".".

---

3 Jaques (1960).

O valor de "+" e "." é determinado pelo mesmo fator, a saber, emoção, e emoção é uma função da personalidade.

20. Até o momento, descrevi um tipo de abstração que denominei comensal, na qual o vínculo entre objetos é comensal. K depende desse tipo de vínculo entre objetos durante todas as fases de crescimento e atividade mental. Como "+" e "." representam emoções, fica evidente que precisamos saber quais emoções são compatíveis com uma relação comensal e, portanto, com K. Iluminarei algo a respeito desse problema no próximo capítulo, ao discutir –K.

21. O padrão $\male\female$ representa uma realização emocional associada ao aprendizado que se torna cada vez mais complexa à medida que recorre constantemente ao longo do desenvolvimento mental. Vou tentar clarificar esse evento recorrente de crescimento, representado por $\female^n\male^n$, retratando um de seus aspectos, em suas etapas mais desenvolvidas e sofisticadas, por meio de uma descrição mais sofisticada.

$\female^n$ representa um estágio tardio em uma série de estágios que começam com umas poucas preconcepções indiferenciadas, relativamente simples, provavelmente vinculadas a alimentação, respiração e excreção.

22. As abstrações a partir do acasalamento comensal de $\female$ com $\male$ incluem a formação de palavras que nomeiam várias hipóteses, afirmando que certos dados sensoriais estão constantemente conjugados. A partir desses primórdios relativamente simples, $\female^n\male^n$ abstrai sucessivamente hipóteses mais complexas e, finalmente, sistemas inteiros de hipóteses, que são conhecidas como sistemas dedutivos científicos. Conquanto suas origens sejam dificilmente reconhecíveis, esses sistemas extremamente complexos retêm suas qualidades receptivas denotadas por $\female$. Os fenômenos relacionados a realizações multiplicam-se conforme as realizações, ainda

158 APRENDER DA EXPERIÊNCIA

que limitadas ao progresso na experiência de um homem, são também multiplicadas o suficiente para revelar um universo em expansão ao qual, presumivelmente, corresponde uma realização em expansão. σ^n precisa ter, portanto, uma contraparte fenomênica, representada pelo conceito de infinito.

Os elementos dos vários sistemas dedutivos científicos devem ser capazes de recombinação – um exemplo familiar é o uso de uma hipótese pertencente a um sistema dedutivo como premissa em outro sistema dedutivo. Na teoria aqui apresentada, a liberdade necessária para essas recombinações depende das emoções que impregnam a psique, pois essas emoções são o conectivo em que os sistemas dedutivos científicos e os elementos de σ^n estão inseridos. Tolerância à dúvida e tolerância a um senso de infinitude são o conectivo essencial em σ^n para K vir a ser possível.

28

–*K*

1. Alguns pacientes ficam interessados em provar sua superioridade em relação ao analista malogrando suas tentativas de interpretação; é possível lhes mostrar que eles estão mal-entendendo as interpretações para demonstrar que uma habilidade para mal-entender é superior a uma habilidade para entender. Interpretações baseadas nesse *insight* podem levar a análise a novos desenvolvimentos. Se o paciente sofre de uma perturbação de pensamento, interpretações a respeito de mal-entendidos levam a algum esclarecimento, mas parecem não levar o assunto adiante. Para esse problema, é necessário um conceito mais inclusivo.

2. Usando os procedimentos delineados aqui, recorro primeiro à abstração representada pelo sinal K, e então inverto o sinal para –K. Assumindo que os sinais para todos os fatores em K também fiquem invertidos, uso as teorias que representam fatores em K como preconcepções para auxiliar em minha busca de fatores em –K. Esses fatores, empregados agora da mesma forma como se empregam as preconcepções, podem ser representados nesse seu novo emprego por ♀. Para deixar isso mais claro, posso dizer que estou em um estado de observação receptiva, em contraste com um estado em que submeto a julgamento aquilo que observo. Posso ainda descrever aproximadamente esse estado dizendo que fico absorvido na minha tarefa de observação ou que estou absorvido nos fatos. Em suma, existem muitas maneiras por meio das quais posso tentar descrever minha atividade mental; todas elas podem contribuir para uma compreensão daquilo em que estou envolvido, mas nenhuma delas o faz com a precisão que considero necessária para comunicar o procedimento psicanalítico. A vantagem de empregar um sinal ♀ para designar o novo papel de fatores em K é que, pelo menos, esse sinal indica que a compreensão que o leitor tem do que quero dizer deve possuir um elemento que permanecerá não satisfeito até que ele, leitor, encontre a realização apropriada, um elemento que possa ser representado pelo sinal $\psi(\xi)$, sendo o próprio (ξ) o sinal para um elemento insaturado.

3. Os próximos itens constituem uma tentativa de descrever os resultados de observação em que preconcepções estão atreladas à tarefa de descoberta, e não consideradas como predileções a ser eliminadas eventualmente, já que isso, em todo caso, não é possível.

4. Em vários pontos da investigação é inevitável que alguém se pergunte por que deveria existir um tal fenômeno como o que é representado por –K. A resposta a essa questão deve ser procurada no trabalho psicanalítico com pacientes individuais. Vou considerar apenas um fator: inveja. Refiro-me, com esse termo, ao fenômeno descrito por Melanie Klein em *Inveja e gratidão*.

5. Descrevi o papel da identificação projetiva em K como uma relação comensal entre ♀ e ♂. Em –K, como exemplificado em um paciente representado pelo sinal $\psi(\xi)$, no qual a investigação preliminar revela inveja como um provável fator dentre aqueles necessários para satisfazer (ξ), a relação de $\female$ com $\male$ fica representada por $\female + \male$, em que + pode ser substituído por inveja. Usando essa formulação para representar criança e seio (para recorrer a sinais menos abstratos) e usando como modelo uma situação emocional na qual a criança sente medo de estar morrendo, o modelo que construo é o seguinte: a criança excinde seus sentimentos de medo e os projeta para dentro do seio, junto com inveja e ódio ao seio não perturbado. Inveja impede uma relação comensal. Em K, o seio moderaria o componente medo no medo de morrer que fora projetado para dentro dele e a criança, no devido tempo, re-introjetaria uma parte de sua personalidade agora mais tolerável e, consequentemente, estimuladora de crescimento. Em –K, a criança sente que o seio invejosamente remove os elementos bons ou valiosos do medo de morrer e força o resíduo sem valor de volta para dentro dela. A criança, que começou com um medo de estar morrendo, termina por conter um terror sem nome.

6. A violência de emoção que está associada à inveja, e que pode ser um dos fatores na personalidade em que –K fica em evidência, afeta os processos projetivos de modo que muito mais é projetado além do medo de morrer. De fato, é como se a criança evacuasse virtualmente toda a sua personalidade. O processo de despojamento descrito em 5 é, portanto, mais sério, porque mais extenso, que aquele implicado no exemplo simples da projeção do medo de morrer. A gravidade pode ser mais bem expressa se dissermos que a vontade de viver, que é necessária antes que haja um medo de morrer, é uma parte da bondade que o seio invejoso removeu.

7. Uma vez que a inveja também impele a criança a projetar, a projeção é sentida como um despojamento invejoso da psique, da qual, quando em K, apenas o medo de morrer teria sido removido. Portanto, dificilmente existirá qualquer criança para re-introjetar ou para dentro da qual se possa forçar o medo de morrer espoliado. Em K, ♀♂ pode encontrar um hábitat, pois a criança pode re-introjetar o par relacionado. No entanto, −♀ e −♂ são devolvidos para um objeto que os recobre com pouco mais do que a aparência de uma psique.

8. Descrevi o objeto ♀♂ re-introjetado em K como um em que a relação entre os elementos ♀ + ♂ era comensal. Em −K esse objeto é invejoso e, portanto, é necessário considerar com mais detalhe −♀ e −♂ e −(♀♂). Várias de suas características específicas são difíceis de conciliar em uma teoria coerente. De acordo com isso, vou primeiro descrevê-las sem qualquer tentativa de explicação.

9. Em primeiro lugar, só consigo descrever a sua característica predominante como "a qualidade-sem". Trata-se de um objeto interno sem um exterior. É um tubo alimentar sem um corpo. É um superego sem praticamente nenhuma das características do superego conforme compreendido em psicanálise: é um "super" ego. É uma asserção invejosa de superioridade moral sem qualquer moral. Em suma, é o resultado de um despojamento ou uma espoliação invejosos de todo bem e destina-se propriamente a continuar o processo de despojamento descrito em 5, como existe, em sua origem, entre suas personalidades. O processo espoliativo prossegue até que −♀ e −♂ representem pouco mais que uma superioridade-inferioridade vazia, que, por sua vez, degenera em nulidade.

10. No que se refere à sua semelhança com o superego, −(♀♂) se mostra como um objeto superior que reivindica sua superioridade encontrando falhas em tudo. A característica mais importante é seu ódio a qualquer novo desenvolvimento na personalidade, como se o novo desenvolvimento fosse um rival a ser destruído. Portanto, o surgimento de qualquer tendência de buscar a verdade, de estabelecer contato com a realidade e, em suma, de ser científico, ainda que da maneira mais rudimentar, depara-se com ataques destrutivos com base na tendência à superioridade "moral" e na reiteração desta. Isso implica uma afirmação do que, em termos sofisticados, chamaríamos de uma lei moral e de um sistema moral, considerados superiores a uma lei científica e a um sistema científico.

11. Reformulando 10 em outros termos, pode ser visto como uma tentativa implícita de reter um poder de despertar culpa como uma capacidade essencial. O poder de despertar culpa é essencial e apropriado para a operação de identificação projetiva em uma relação entre a criança e o seio. Essa culpa é peculiar no sentido de que sua associação com a identificação projetiva primitiva implica que a culpa é destituída de sentido. O −(♀♂) difere, portanto, da consciência, pois não se presta a nenhuma atividade construtiva.

12. Em contraste com a função do aprender (K) de ♀♂, −(♀♂) fica envolvido em colecionar elementos ♂ significativos para sujeitá-los a −♀, de modo que esses elementos são espoliados de seu significado e só o resíduo sem nenhum valor é retido. As interpretações do analista são uma parte dos elementos ♂ tratados desse modo, e o resultado é que ficam despojados de sentido. Essa extração invejosa deve ser contrastada com o processo de abstração que caracteriza ♀♂ em K. A função ego-símile de −(♀♂) é diferente da função do ego, pois, em vez de promover conhecimento, trata de destruí-lo. Essa atividade destrutiva é impregnada de qualidades "morais" derivadas da qualidade de "super"-ego de −(♀♂). Em outras palavras: −(♀♂) afirma a superioridade moral e a superioridade em potência do *DES*-aprender.

13. A operação exitosa de −(♀♂) tem como conquista o crescimento no desenvolvimento e no poder −♀ e um acréscimo sempre crescente de elementos ♂ para serem convertidos em elementos −♂. Em outras palavras, elementos-alfa, como quer que tenham sido obtidos, são adquiridos para conversão em elementos-beta. Na prática, isso significa que o paciente não sente estar rodeado,

164 APRENDER DA EXPERIÊNCIA

propriamente, por objetos reais, coisas-em-si, mas por objetos bizarros que são reais somente na medida em que são o resíduo de pensamentos e concepções que foram espoliados de seu significado e ejetados.

14. A relação de K com –K pode ser resumida se dissermos que em K é possível particularizar e concretizar o geral e o abstrato, enquanto em –K isso não é possível, pois se sente que o geral e o abstrato, até o ponto em que existem, tornam-se coisas-em-si. De modo inverso, em K o particular pode ser generalizado e se tornar abstrato, mas em –K o particular fica despojado de qualquer qualidade que possua. O produto final é a espoliação, não a abstração.

15. Finalmente, embora eu não vá prosseguir aqui, pode-se ver que as teorias para as quais utilizei os sinais K e –K representam realização em grupos. Em K, o grupo aumenta pela introdução de novas ideias ou pessoas. Em –K, a nova ideia (ou pessoa) é despojada de seu valor, e o grupo, por sua vez, sente-se desvalorizado pela nova ideia. Em K, o clima conduz à saúde mental. Em –K, nem o grupo nem a ideia podem sobreviver, em parte pela destruição incidente à espoliação e, em parte, pelo produto do processo espoliativo.

GRÁFICA PAYM
Tel. [11] 4392-3344
paym@graficapaym.com.br